Comment Maîtriser L'oracle
Belline

Un Guide Complet

Serge Pirotte

Ce livre est dédicacé à ma belle-soeur Michelle,

sans elle je n'aurais probablement jamais découvert

les tarots et oracles.

Table des Matières

Introduction

Ma relation avec avec l'oracle Belline s'est révélée assez compliquée au fil des années.

Mais permettez-moi d'abord de me présenter, car cela peut être pertinent par rapport à la façon dont j'aborde l'ésotérisme en général et à ma philosophie en écrivant ce livre. J'ai la chance d'avoir vécu sur deux continents différents, je parle couramment deux langues et j'ai été immergé dans deux cultures assez différentes. Étant né en Belgique, j'ai déménagé aux USA en 1997. Cela m'a permis de rencontrer deux traditions ésotériques très différentes, et tous ces éléments ont certainement influencé ma façon d'utiliser les cartes.

En effet, en matière de divination, les praticiens français sont assez différents des anglophones. Par exemple, il est naturel que les cartomanciens français ne lisent le tarot qu'avec les arcanes majeurs, alors que ce serait l'exception chez les anglophones. Les oracles utilisés dans ces différentes parties du monde sont aussi souvent différents.

Mon intention est loin de donner une leçon d'histoire, mais en matière d'ésotérisme, la France a une histoire riche qui s'étend sur plus de quatre siècles. Elle est antérieure en grande partie à ce que l'on pourrait appeler la tradition anglaise, qui a commencé beaucoup plus tard, principalement sous l'influence de l'Aube dorée, à la fin du XIXe siècle. Parler et comprendre deux langues m'a donné la chance d'avoir accès à assez bien de publications et de découvrir de nombreux tarots, oracles et systèmes divinatoires. L'oracle que nous examinons dans ce livre est une création du XIXe siècle, issue de cette tradition française.

Revenons à des chose plus terre à terre. Certaines expériences changent notre vie pour toujours, mais parfois nous ne voyons pas immédiatement leurs résultats. J'ai commencé à utiliser un Tarot de Marseille et un Petit Lenormand assez tard dans ma vie, je peux maintenant admettre que la divination était ma crise de la quarantaine. L'ésotérisme est arrivé après avoir travaillé professionnellement avec des ordinateurs, des systèmes d'exploitation et des langages de programmation pendant plus de vingt ans. Venant de ce monde rationnel, et suite également à d'autres événements personnels, j'avais certainement besoin de remplir ma vie d'une certaine forme de spiritualité, et ces outils m'ont permis de me poser des questions existentielles et d'essayer d'y répondre.

Quoi qu'il en soit, j'ai tout de suite été pris par ces cartes, et quelques décennies plus tard, je le suis toujours, plus que jamais. Au fil du temps, j'ai collectionné de nombreux jeux de tarots et oracles, et j'ai acheté sur un coup de tête celui dont nous parlons dans ce livre, l'oracle Belline, il y a une quinzaine d'années. Je devais l'avoir car c'est l'oracle le plus utilisé dans le monde francophone de la cartomancie.

Pendant longtemps, je l'ai utilisé sporadiquement et il est resté assez souvent dans ma bibliothèque. Je le sortais de sa boîte de temps en temps, mais au début, mon intérêt pour ce système s'estompait rapidement. Le problème était que je lisais le Tarot et le Petit Lenormand de manière professionnelle et je ne pensais pas qu'il serait utile d'inclure un outil de plus dans ma pratique. Comme j'utilisais le tarot pour tout ce qui est conseil et le Petit Lenormand pour la divination, pendant longtemps je n'ai pas vu la nécessité d'utiliser autre chose.

J'ai donc réservé l'oracle Belline essentiellement à des lectures personnelles, et j'ai toujours été impressionné par sa précision. Au point qu'il y a quelques années, j'ai dû reconsidérer l'importance relative de mes outils et j'ai commencé à avoir envie d'utiliser davantage le Belline. En conséquence, j'ai commencé à regarder ces images différemment. Et plus je les regardais, plus ces cartes si simples en apparence commençaient à agir sur mon subconscient.

C'était une sensation étrange, je me souviens que lorsque j'étais débutant avec le tarot et le Petit Lenormand, j'avais commencé par apprendre les cartes en les mémorisant par cœur, mon intuition intervenant plus tard.

Mais c'était différent avec l'oracle Belline, il me semblait que je n'avais besoin d'aucune instruction et ces simples images commençaient à me parler à un niveau plus intime. Du coup, j'ai commencé à les utiliser de plus en plus, toujours à un niveau personnel, sans en parler publiquement au début. Je créais simplement mon expérience avec elles et j'écrivais dans un journal mes impressions et lectures, une étape très importante pour établir une connexion plus profonde avec ses cartes et vérifier l'exactitude de nos prédictions.

Plus tard, j'ai lu deux livres et suivi un cours sur cet oracle, mais ils ne n'ont pas apporté grand chose, ils ont simplement confirmé ce que je ressentais intuitivement.

Depuis cette époque, j'ai inclus l'oracle Belline dans ma pratique professionnelle.

Aujourd'hui, je considère l'oracle Belline comme le couteau suisse de la divination, ou comme un juste milieu entre le tarot et le Petit Lenormand. Je pense qu'il est meilleur que le Tarot pour la prédiction, et meilleur que le Petit Lenormand pour le conseil. Si je ne devais garder qu'un seul jeu, ce serait sans aucun doute celui-ci, car il peut répondre avec précision à tous les types de questions que je lui pose.

Il y a environ un an, j'ai commencé à mettre de l'ordre

dans toutes mes notes et journaux. J'ai passé un grande partie de mon temps avec un dictionnaire et un dictionnaire de symboles, en vue de donner un aspect plus formel à mes écrits. Ce livre est le résultat de cette expérience et de mon parcours personnel avec ces cartes, et de ce que j'ai appris avec elles.

Il est divisé en trois sections.

La première section vous montrera comment vous pouvez commencer à apprendre ce merveilleux oracle, quelle méthode vous pouvez utiliser pour vous faciliter la tâche.

Dans la deuxième partie, nous passerons en revue toutes les cartes une par une et en donnerons une interprétation détaillée. Cette section peut bien sûr être lue du début à la fin, mais elle peut être également utilisée ultérieurement comme référence, lorsque vous désirez vérifier tel ou tel aspect d'une carte lors d'une interprétation.

Dans la troisième partie, j'explique comment lire les cartes et quelques tirages.

J'espère que vous prendrez autant de plaisir que moi à découvrir ce merveilleux oracle.

Coventry, Rhode Island,
Février 2024

Section 1
Premiers Pas

*Parce que nous devons apprendre à
marcher avant de courir.*

Par où Commencer

Lorsqu'on débute avec un nouveau système, que ce soit oracle, tarot ou autre jeu de cartes, il est toujours difficile de déterminer par où commencer et comment procéder. J'ai enseigné à de nombreux étudiants au fil des années et ce chapitre est le résultat de mon expérience avec eux. En même temps, je vois de nombreux débutants dans les groupes de divination qui luttent pendant longtemps pour avancer. Non pas qu'ils ne soient pas capables d'apprendre, je n'ai aucun doute sur leurs capacités ou leurs intentions, mais le problème principal est souvent la façon dont ils abordent l'apprentissage d'un nouveau système.

La plus grosse difficulté au début, c'est qu'on veut toujours en faire trop, on veut courir avant d'apprendre à marcher. Attendriez-vous, par exemple, qu'un enfant de sept ans lise et comprenne Voltaire?

Ou pour prendre un autre exemple, peut-être plus réaliste. Supposons que nous désirions apprendre une langue étrangère et examinons deux approches différentes. Un étudiant passe tout son temps dans des livres, essayant d'assimiler la grammaire et le vocabulaire, et s'entraînant avec d'autres étudiants. L'autre passe la plupart de son temps avec les locaux, essayant de parler avec eux plutôt que de faire de la mémorisation par cœur et de se soucier de la théorie. Selon vous, après quelques mois, lequel parlera le mieux aux vrais natifs de la langue? Le second bien sûr, puisque pour acquérir des connaissances de base, rien ne vaut l'expérience pratique.

Alors, pourquoi agissons-nous différemment lorsque nous apprenons à interpréter les cartes? Je vois une multitude de personnes passer leur temps dans les livres, s'assurant qu'ils apprennent les bonnes définitions et s'entraînant un peu avec d'autres débutants dans les groupes Facebook. Eh bien, ce n'est pas une expérience qui reflète la vraie vie.

Alors, comment construire une base solide?

Le point le plus important est de commencer lentement. Il n'est pas nécessaire d'apprendre les 52 cartes de l'oracle pour commencer à lire et à s'entraîner. Vous pourriez par exemple commencer avec les 3 cartes n'ayant pas de planète, et les cartes ayant le Soleil et la Lune comme planète. Cela ferait un total de 17 cartes à apprendre pour commencer. Retenez simplement le nom de la carte, quelques mots-clés et regardez l'image. Il n'est pas nécessaire d'en savoir plus au début. Vous commencez à interpréter de cette façon et apprenez en même temps ce que les cartes signifient pour vous face à des questions pratiques.

Essayez sur n'importe quel sujet, faites des tirages sur ce que vous pouvez vérifier rapidement. Par exemple, comment se déroulera votre réunion au travail demain, ou la situation de votre voisin, ou des situations fictives comme des émissions de télévision, etc... Entraînez-vous, entraînez-vous et entraînez-vous davantage, et vérifiez toujours les résultats et où vous avez pu vous tromper.

Et quand vous commencez à avoir de bons retours, ajoutez les cartes d'une planète supplémentaire, une autre série de sept cartes.

Répétez le même processus jusqu'à ce que vous puissiez utiliser confortablement le jeu complet. Il sera encore temps de compléter vos connaissances théoriques lorsque vous aurez pris connaissance de toutes les cartes.

En même temps, essayez d'éviter quelques pièges courants dans lesquels on tombe facilement.

Ne soyez pas émotif. C'est comme ça que vous perdez le contrôle. La plupart du temps, lorsqu'on lit les cartes sur un sujet qui nous tient à cœur, comme la plupart des tirages que l'on fait pour soi-même, on devient vite trop émotif et on voit dans les cartes ce qu'on aimerait voir au lieu de ce qui est réellement là. C'est parce que nous sommes trop attachés au résultat.

Soyez objectif. Lorsque nous avons devant nous quelqu'un pour qui nous lisons les cartes, il est normal d'avoir un sentiment de sympathie pour cette personne et d'espérer qu'elle obtienne un bon résultat. Parfois, dans ce cas, une mauvaise carte ne nous semble pas si mauvaise et nous mettons l'accent sur les bonnes, nous perdons notre objectivité et nous ne fournissons plus une lecture juste et précise.

Interprétez toutes les cartes. Toutes les cartes sur la table doivent être lues, dans l'ordre prescrit par le tirage que vous utilisez. Il faut consacrer environ le même temps à chaque carte. Il est très facile d'avoir tendance de sauter ou à ne pas dire grand-chose sur les cartes que nous n'aimons pas. N'oubliez jamais, si une carte est présente, c'est pour une raison, elle doit faire partie de l'interprétation. Certaines cartes peuvent sembler difficiles à interpréter dans certains contextes, c'est normal lorsqu'on débute, l'apprentissage et la pratique vous aideront à surmonter ces obstacles.

Utilisez une méthode, connaissez vos tirages. Au plus vous pratiquez les mêmes tirages, au mieux vous les connaîtrez et au plus ils deviendront faciles à utiliser. En règle générale, chaque heure d'apprentissage devrait être divisée en 15 minutes de théorie et 45 minutes de pratique, en essayant d'interpréter vos cartes dans différentes combinaisons et contextes. Plus vous aurez d'expérience pratique, plus vous vous sentirez compétent.

Examinons en détail quelques points importants.

Quelle version utiliser?

Parmi les nombreux clones de l'oracle Belline que l'on trouve aujourd'hui, lequel choisir?

Quand j'ai commencé à lire les cartes, le choix était simple, il n'existait qu'une seule version. Elle était publiée par la société française Grimaud, sous les instructions de Marcel Belline, et leur version était conforme à l'oracle original créé par le Mage Edmond.

Récemment, de nombreuses nouvelles versions sont apparues, certaines d'entre elles sont restées proches de l'original, tandis que d'autres s'en sont éloignées et sont devenues très différentes. Même si je comprends parfaitement que la version originale ne plaît pas à tout le monde, utiliser des clones lors de l'apprentissage peut rapidement devenir problématique.

Premièrement, ce livre, ainsi que tous les autres que vous trouverez sur l'oracle Belline, ont été écrits en prenant en compte l'original comme référence. En conséquence, il est très difficile de trouver de la documentation pour un jeu particulier, en dehors des rares informations qui l'accompagnent.

Deuxièmement, tous ces clones, et certains plus que d'autres, auront souvent des images très différentes, et même parfois des noms différents pour les cartes, rendant leur symbolisme parfois très éloigné de l'oracle original. Encore une fois, vous serez seul face à votre jeu pour tenter de comprendre ces différences.

Il n'y a aucun problème à utiliser des clones quand on connaît suffisamment l'oracle, il y en a que j'aime beaucoup utiliser aussi même si ma préférence reste pour l'original, mais un pour débuter et l'apprentissage, je vous conseille fortement d'utiliser le jeu original.

Choisissez un système.

Lors de l'apprentissage, la cohérence est extrêmement importante. Surtout aujourd'hui, avec Internet et les nombreuses boutiques disponibles dans le monde entier, vous pourriez vous retrouver confronté à de nombreuses ressources, livres, blogs, vidéos, etc...

Le problème avec cette abondance de resources est que chaque auteur a une vision différente des cartes, et au début de votre parcours divinatoire les hésitations et trop d'interprétations différentes viendront perturber votre apprentissage et votre intuition. Il est préférable de choisir au début une seule source et ensemble de significations, et de les utiliser de manière cohérente tout en apprenant. Obtenir une base stable renforcera votre confiance dans les cartes et en vous-même.

Si vous mélangez des définitions provenant de différentes sources, vous hésiterez toujours sur laquelle utiliser lorsque vous mettez quelques cartes sur la table, et cela nuira à votre interprétation. Il n'y a rien de pire au début que d'être constamment confronté à des choix multiples de définitions. Inconsciemment, vous hésiterez toujours à interpréter une carte, et de ce fait vos interprétations manqueront de précision, au point où vous commencerez rapidement à perdre confiance en vous.

La meilleure façon d'apprendre est de s'en tenir à un seul système jusqu'à ce que vous ayez une meilleure compréhension de l'oracle. Choisissez un livre, un blog ou n'importe quelle ressource et travaillez avec jusqu'à ce que vous disposiez d'une base suffisamment solide. Plus tard, il sera encore temps d'élargir vos connaissances et d'ajouter progressivement d'autres sources, vous aurez acquis suffisamment de sagesse pour extraire de ces sources ce qui a du sens pour vous et ajouter ces éléments à ce que vous connaissez déjà. Ce que vous souhaitez, c'est d'obtenir une base stable, puis l'augmenter progressivement, de manière contrôlée.

Restez avec la question.

Lorsque vous faites de la divination, vous devez commencer avec l'axiome selon lequel vos cartes répondent toujours à la question que vous avez posée. Il est important à cet égard de vous assurer que votre question est bien définie et convenue avec le consultant. Je conseille toujours à mes étudiants d'écrire la question sur un morceau de papier, de cette façon vous pourrez toujours revenir à ce qui a été écrit lorsqu'un point de discorde survient.

N'oublions pas non plus que pour donner des informations significatives, et non des généralités qui n'émeuvent personne, vos questions doivent être précisées et définir correctement le contexte ou le domaine dans lequel l'interprétation aura lieu. Nous verrons en détail comment poser une question dans la section 3 de ce livre.

Mais pour l'instant, n'oubliez pas qu'une question doit être claire, simple et définir le contexte dans lequel vous souhaitez que vos cartes soient interprétées. Si votre question concerne le travail, vos cartes répondront pour le travail. Même si certaines cartes parlent d'abord de sentiments, ces sentiments doivent tout de même être interprétées dans le contexte du travail.

C'est ce que j'entends par «s'en tenir à la question». Par exemple, une carte comme Amor ou Union, dans le cadre du travail, ne fera pas allusion à une histoire d'amour avec un collègue, mais montrera par exemple à quel point vous êtes passionné par votre travail. Ne cherchez jamais à sortir du contexte, si la question était bien définie, les cartes répondront à ce qui a été demandé.

Pour obtenir une base solide, placer vos cartes dans différents domaines vous permettra également d'élargir votre vocabulaire et de voir comment vous pouvez interpréter vos cartes dans différents contextes.

Surtout au début, gardez vos interprétations simples, allez à l'essentiel. Au fur et à mesure que votre expérience grandira, vous commencerez à développer votre propre style et vos interprétations deviendront plus longues, plus précises, et plus détaillées.

Intensité.

Il est très important de rappeler que l'art d'interpréter un tirage dépend de nombreuses subtilités, et l'intensité des cartes tirées doit être modifiée en fonction de l'importance de la question, et aussi en raison de l'influence des cartes entourant chacune d'entre elles.

Le premier point semble évident. Faire des tirages journaliers est agréable pour apprendre les cartes, mais nous ne voyons pas beaucoup d'événements majeurs se produire au quotidien. Après tout, nous ne trouvons pas un nouvel emploi tous les jours, et il n'est pas non plus possible d'entamer une nouvelle relation ou d'en quitter une.

Ce genre de lecture, ou des questions mondaines, vous oblige à en atténuer le sens. Un succès dans votre journée peut signifier que de petites choses agréables se produisent, et la ruine ne signifie pas que vous avez gâché votre vie, vous pourriez simplement avoir fait face à quelques actions diminuant progressivement votre bonheur pour la journée. Adaptez toujours l'intensité de vos cartes à la situation à laquelle vous faites face et à votre question.

Un autre aspect important est l'interaction des cartes entre elles. Par exemple, une très mauvaise situation donnant comme résultat la carte Succès pourrait ne pas signifier le plus grand succès possible, mais plutôt une situation réussie, mais de peu. De la même manière, quelque chose de brillant se terminant par exemple par Ruine montrera une légère dégradation, tandis qu'une mauvaise situation suivie par Ruine pourrait montrer un annihilation totale de votre situation. Il y a toujours un équilibre à trouver, et celui-ci est principalement donné par votre intuition.

Ne pas sauter de carte.

Quand on apprend un nouvel oracle, il est normal au début de ne pas savoir tout ce qu'il y a à savoir sur celui-ci. Souvent, les difficultés commencent lorsqu'il s'agit de ce qu'on appelle communément les «mauvaises cartes» ou les «cartes dites négatives», toutes ces cartes conduisant à une situation ou à un résultat défavorable, ou quand elles se trouvent dans des positions favorables dans un tirage. Ou à l'inverse, des cartes jugées «positives» en position défavorable.

Ce qui arrive souvent au début, c'est d'avoir tendance de les sauter ou à les minimiser par manque de compréhension. C'est tout à fait normal, car connaître toutes les subtilités de la signification des cartes vient avec le temps et l'expérience.

Si je n'avais qu'un conseil à donner, c'est de malgré tout essayer et d'interpréter toutes les cartes dans leur contexte. Ne sautez jamais une carte, prenez plus de temps pour essayer de comprendre ce qui se passe.

Il y a peut-être aussi un problème à se sentir submergé en voyant toutes les cartes d'un tirage sur la table et de ne pas savoir par où commencer. Il existe une solution pour cela. Placez toutes les cartes face cachée et retournez-les une à la fois, en interprétant autant que possible chaque carte avant de passer à la suivante. Essayez de garder la même durée avec chaque carte. En agissant ainsi, vous deviendrez certainement un meilleur interprète.

Cherchez la précision.

Après avoir appris pendant un certain temps, il devient généralement difficile pour la plupart d'entre nous de trouver des questions avec lesquelles s'entraîner. Lorsque cela se produit, nous avons tendance à poser des questions vagues qui se transforment souvent en ce que l'on pourrait appeler une lecture quotidienne: que va-t-il se passer aujourd'hui dans ma vie, ou quelque chose de similaire.

Faire des interprétations générales quotidiennes lors de l'apprentissage peut être agréable, mais en même temps, cela peut rapidement devenir problématique pour votre progression, et ce de différentes façons. Premièrement, après un certain temps, on commence à s'habituer à voir certaines cartes apparaître toujours dans le même genre de situations, et il devient difficile de les voir dans un contexte différent.

Par exemple, nous pourrions associer Amor au département de l'amour, et chaque fois que nous verrons cette carte, nous l'associerons à une situation sentimentale. C'est là que faire des lectures sans question précise peut nuire à votre croissance. Nous commençons à perdre de vue la façon dont nous interprétons les cartes, en les enfermant toujours dans un domaine particulier.

Un autre problème est que peu d'événements qui changent notre vie se produisent quotidiennement. La plupart des choses qui se passent pendant la journée sont assez banales. Et c'est là que réside la difficulté: lorsqu'on fait des lectures avec une question trop générale, on a du mal à déterminer ce qui se passe, et du coup nos réponses deviennent vagues.

Il vaudrait mieux, pour donner une interprétation

significative et précise, de poser des questions plus précises. Des questions vagues donneront toujours des réponses vagues. Au lieu de demander «que dois-je savoir pour aujourd'hui», il serait préférable de demander par exemple comment se passera ma réunion au travail aujourd'hui », ou «comment se passera ma soirée avec mon ami», etc... Donner un contexte vous permettra de déterminer le sens des cartes, et en conséquence de devenir plus précis, et vous apprendrez également à être plus flexible car vous devrez interpréter vos cartes dans différentes situations.

Tenez un journal.

Tenir un journal est très important pour deux raisons majeures.

Premièrement, la divination est extrêmement personnelle, car nous avons tous notre propre personnalité et une expérience de vie différente. A ce titre, un livre sert de référence lorsque l'on commence son voyage avec un jeu de cartes, mais avec le temps, nous avons tous notre propre vision de ce que signifie telle ou telle carte, et ces définitions évolueront avec nous tout au long de notre vie. Il est important que vous écriviez vos propres idées et la façon dont vous voyez les différentes cartes, même si ces impressions diffèrent grandement de ce que vous trouvez dans les livres. Avec le temps, votre journal deviendra votre propre livre avec votre propre version des cartes.

Deuxièmement, votre journal vous permettra de conserver une trace des interprétations que vous avez effectuées. En les documentant, vous êtes en mesure de les revoir plus tard et de vérifier ce qui s'est passé par rapport à votre interprétation. C'est une étape importante dans l'apprentissage, car elle vous permettra de comprendre où vous vous êtes trompé dans certains tirages et surtout pourquoi. Parfois aussi, des événements se produisent progressivement après avoir fait une interprétation, et tenir un journal vous permettra de mettre régulièrement à jour la situation et de suivre de près ce qui se passe.

Au fil du temps, votre journal deviendra une source inestimable de connaissances. Si vous voulez devenir précis dans vos lectures, la seule façon que je connaisse est de garder une trace de vos interprétations et observations, et les commentaires que vous recevrez vous permettront de corriger ce qui vous cause problème.

La pratique amène la perfection.

Comme dernier conseil pour ce chapitre, pratiquez, pratiquez encore et pratiquez davantage...

Même si une connaissance théorique de l'oracle est indispensable, elle ne remplacera jamais l'expérience pratique que vous pouvez acquérir avec vos cartes. Plus vous lisez, et je parle de cartes, pas de livres, plus votre intuition prendra le dessus et au plus votre relation avec ces cartes se développera.

Une Cartomancie Humaniste

Lorsqu'on parle de cartomancie, on se rend compte rapidement que le terme inclut un vaste éventail, qui peut aller de la divination pure à l'étude psychologique de la personne, avec toutes les possibilités intermédiaires, dans lesquelles on peut retrouver la voyance, la possibilité de guider le consultant dans ses choix, ou le développement personnel.

Ce livre, de même que la tonalité que je donne aux définitions des cartes et aux tirages, est bien évidemment influencé par la façon dont je vois la vie en général: je ne suis pas fataliste.

Contrairement à ceux qui pensent que notre vie est prédestinée et que tout est écrit à notre naissance, je suis persuadé qu'une grande partie de ce qui nous arrive est une conséquence de nos actions. Nos actions passées influencent notre présent, et la façon dont nous agissons dans le présent aura un impact significatif sur notre futur. Contrairement à un futur prédestiné, c'est ce qu'on appelle le libre choix.

C'est la raison pour laquelle je prône l'utilisation d'une cartomancie humaniste, recentrée sur la personne venant consulter.

Il est bien sûr évident que toute consultation parlera du futur et de quelle sera la tendance vers laquelle la problématique du consultant va se diriger. Mais quel serait l'intérêt de prédire ce qui va se passer si nous ne regardons pas en détail les conséquences de ce futur sur la vie de notre consultant, ou si nous n'analysons pas les possibilités de comment se comporter ou non en vue d'avoir le plus de chances possibles d'obtenir ce qu'il ou elle désire?

Au lieu de privilégier uniquement des prédictions, mes consultations sont donc plus particulièrement centrées sur la personne qui vient chercher de l'aide. Cette façon de travailler permet de recentrer le consultant dans un contexte de responsabilité et de liberté, lui présentant des options possibles plutôt que des affirmations.

C'est ce qu'on appelle le libre arbitre, le consultant reste maître de ses choix, et peut agir ou non en fonction des informations données.

Prenez par exemple la question classique que chaque praticien voit régulièrement dans sa pratique, va-t-il revenir? Quel est l'intérêt de répondre oui ou non? Dire que l'autre ne va pas revenir serait un risque de déprimer la consultante sans fondement ni solution. Et dire que l'autre va revenir pourrait lui donner de faux espoirs, si le fait de revenir va amener les mêmes problèmes que ceux qui existaient avant son départ.

Tout ce que notre consultante veut, c'est que le partenaire revienne, en se disant que tout ira bien cette fois-ci. Mais nous savons tous que ce n'est pas forcément le cas. Comprendre d'abord pourquoi la situation s'est dégradée au point que l'autre parte, et voir comment il serait éventuellement possible d'y remédier me semble bien plus utile. Cela apporterait une base de discussion solide pour aborder le problème. Ensuite, nous pourrons tenter de déterminer les conséquences pour la consultante si le partenaire revient, ainsi que s'il ne revient pas. Tous ces éléments vont permettre à notre consultante de prendre des décisions informées.

Section 2
Un Regard sur les Cartes

Parce que nous avons besoin d'un langage commun.

La Composition de l'Oracle

L'oracle Belline a été conçu à l'origine par le Mage Edmond au 19ème siècle. IL a été découvert par hasard et rendu public bien plus tard, dans les années 1960, par Marcel Belline. Pour en savoir plus sur la vie de Marcel Belline et la découverte de ces cartes, voir l'annexe 2.

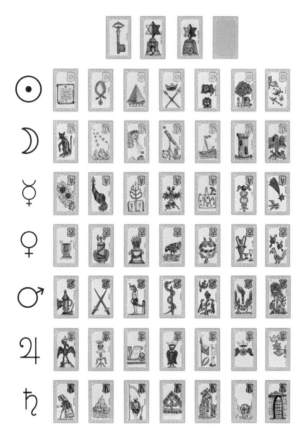

L'oracle est composé des cinquante-deux cartes originales dessinées par le Mage Edmond, dont quarante-neuf associées à une planète, et d'une carte supplémentaire facultative, la carte Bleue, ajoutée plus tard par Belline. Nous reviendrons sur les raisons d'utiliser ou non la carte bleue en donnant sa description détaillée.

Les quatre premières cartes de l'oracle ne sont associées à aucune planète. LA Destinée, l'Etoile de l'homme, l'Etoile de la femme et la carte bleue peuvent être considérés comme non conformes à l'ensemble et jouant un rôle important.

Les quarante-neuf autres cartes sont divisées en sept séries de sept cartes, chaque série différente étant associée à une planète particulière. On y retrouve les sept planètes qui étaient habituellement connues à l'époque où cet oracle a été conçu et utilisées en astrologie, le Soleil, la Lune, Mercure, Vénus, Mars, Jupiter, et Saturne. Chaque carte comporte également une image simple, un nombre et un mot-clé.

Pour chaque planète, nous verrons ce qu'elle signifie en mythologie, des définitions utilisées en astrologie et son symbolisme. À partir de ces éléments, les caractéristiques de la planète seront données, suivies de la manière dont nous pouvons les utiliser avec les différentes cartes. Les caractéristiques astronomiques des planètes ne seront pas données, comme elles n'ont pas d'impact sur l'interprétation des cartes.

Pour chaque carte, il y aura d'abord une définition formelle de ce que signifie le nom, tirée des dictionnaires Larousse et Petit Robert, suivie de quelques mots-clés. Ensuite nous aurons une description symbolique des dessins présents sur l'image. Tous ces éléments pris ensemble permettront de donner une définition générale de la carte et comment elle pourrait être utilisée en divination.

Finalement, des sections montreront comment ces définitions peuvent être utilisées comme un atout, comme un problème, comme un conseil, comme une évolution et comme un résultat.

1 - La Destinée

""Détermination préétablie des événements de la vie humaine par une puissance supérieure ; destin.
Vie humaine considérée sur le plan individuel comme un ensemble de circonstances heureuses ou malheureuses et envisagée dans une issue indépendante de la volonté.
Condition, carrière réservée à quelque chose ; destin."

Mots-clés: connaissance, découverte, décision à prendre, accès, chance, réussite.

Sur la carte, on retrouve une clé bleue et dorée. C'est une étrange façon de représenter le destin, puisqu'une clé nous donne une notion de libre arbitre, totalement opposée à une notion de fatalité, souvent attribuée au destin. Les clés nous permettent d'ouvrir et de fermer des portes, et ainsi d'accéder à des endroits qui étaient restreints, ou à l'inverse de fermer des portes, protégeant ou interdisant certains endroits.

Avoir la clé, par conséquent, nous donne un sentiment de

liberté, de choix possible: l'utiliser ou non. Peut-être que le destin auquel le Mage Edmond fait référence est quelque chose qui peut être obtenu grâce à nos actions et nos décisions.

Quelque chose qui semble très important dans la clé dessinée sur cette carte, c'est le penne, ce qui est inséré dans la serrure: nous y trouvons un livre. Dans cet aspect, la clé représentée ne permet pas seulement d'ouvrir de vraies portes, mais nous donne aussi accès à des connaissances que nous n'avions pas auparavant.

Nous avons tous des notions différentes de la foi et de ce qui est prédéterminé ou non dans nos vies, et quelles que soient nos croyances, la clé représente toujours quelque chose d'important, un événement «clé» qui nous arrive ou qui se passe autour de nous.

En conséquence, nous pouvons voir le «destin» comme quelque chose d'important qui se produit dans notre vie. Qu'il soit prédestiné ou non, la clé nous donne la capacité d'ouvrir des portes, matérielles ou d'un aspect plus abstrait ou intellectuel, et nous donne ainsi un sentiment de contrôle sur nos vies.

Comme atout

Avoir la clé vous donne le pouvoir d'agir, car elle vous permet d'ouvrir des portes et d'acquérir les connaissances nécessaires à ce que vous recherchez. Quel que soit votre objectif, La Destinée vous donne un gros avantage sur les autres.

Comme problème

Pour vous donner une image, il est très difficile d'avancer quand il y a une porte fermée devant vous et que vous n'avez pas la clé pour l'ouvrir: en quelque sorte, quelque chose vous bloque, vous manquez de moyens ou de connaissances pour pouvoir avancer.

Une autre possibilité est que quelqu'un d'autre possède symboliquement cette clé, lui donnant plus de contrôle sur la situation que vous en avez, et cette personne a peut-être des objectifs différents, ce qui la place dans une meilleure position pour réussir.

Comme conseil

La Destinée vous invite à l'action, à utiliser votre bon jugement. Vous avez la clé, vous pouvez l'utiliser pour déverrouiller symboliquement les portes nécessaires pour faire avancer vos projets. Cela peut prendre différentes formes, comme par exemple de faire certaines actions spécifiques ou de rechercher des connaissances particulières.

Comme évolution

Des événements importants se produiront certainement, sur lesquels vous avez un certain contrôle. Les opportunités sont saisies, votre libre arbitre et votre liberté d'action vous permettent de faire progresser vos objectifs.

Comme résultat

De nouvelles portes s'ouvrent à vous, et ces nouvelles possibilités peuvent être considérées comme une réussite. La clé est entre vos mains, vous contrôlez votre destin et ce que deviennent vos projets.

2 - L'Étoile de l'Homme
3 - L'Étoile de la Femme

Exceptionnellement, ces deux cartes seront analysées ensemble, car elles présentent de nombreuses similitudes.

Mots clés pour l'Etoile de l'Homme: masculinité, virilité, force, action, énergie.

Mots clés pour la Woman's Star: féminité, patience, compréhension, empathie, disponibilité.

Les cartes représentent respectivement un portrait d'homme et de femme, surmontés d'une étoile.

Nous verrons dans plusieurs cartes, comme par exemple  Inconstance (13), que le Mage Edmond savait dessiner correctement des visages. Il doit y avoir une raison pour laquelle ce n'est pas le cas sur ces cartes, les visages ressemblent à un masque. Quelque chose qui était très populaire à l'époque de la création de l'oracle Belline était un spectacle de théâtre composé de marionnettes et appelé Guignol. Et les figures sur ces deux cartes nous rappellent ces marionnettes. Bien que souvent vu comme divertissement pour enfants, Guignol avait un esprit vif et une certaine verve linguistique, ce qui le rendait très satiriste des thèmes d'actualité de l'époque en s'appuyant sur les préoccupations de la classe ouvrière.

La coiffure semble égyptienne, ce qui n'est pas surprenant puisque tout ce qui touche à l'égyptologie était très populaire au milieu du 19ème siècle.

L'étoile au sommet de la tête de l'homme représente l'étoile de David, symbole de l'identité juive et du judaïsme. Le symbole pourrait également avoir des racines cabalistiques et a été associé au mysticisme et à la magie juifs. Mais si l'on remonte au milieu du 19ème siècle, l'étoile de David n'était pas seulement associée au judaïsme, on la retrouvait comme symbole dans de nombreuses autres communautés religieuses, comme par exemple le bouddhisme et l'hindouisme.

L'étoile sur la tête de la femme représente le Sceau de Salomon, qui à l'époque était une bague attribuée au roi Salomon. On l'utilisait entre autres pour contrôler les mauvais esprits.

Sur le plan pratique, l'Étoile de l'Homme peut représenter le consultant s'il s'agit d'un homme, ou tout homme impliqué dans votre situation.

L'étoile de la femme peut représenter la consultante si elle est une femme, ou toute femme impliquée dans votre situation.

Pour les couples gay, comme il n'y a que deux cartes définissant des personnages dans l'oracle, chacune d'entre elles sera attribuée à un partenaire.

Dans certains cas particuliers, ces cartes peuvent également aller au-delà de la représentation de personnes et être considérées comme des traits de caractère.

Comme atout

Vous ou quelqu'un d'important que vous connaissez a la capacité d'agir favorablement sur ce qui se passe.

Comme problème

Vous ou quelqu'un d'important dans votre situation nuisez à toute possibilité de progrès.

Comme conseil

Utilisez les qualités décrites par la carte. Pour l'Etoile de l'Homme, utilisez votre force, soyez actif, dépensez de l'énergie pour permettre à vos projets d'avancer. Pour la l'Etoile de la Femme, soyez patient, essayez de comprendre ce qui se passe.

Comme évolution

Vous, ou une personne proche et concernée par le contexte dans lequel vous vous trouvez va se révéler importante pour le développement de vos projets.

Comme résultat

Le dénouement de la situation dans laquelle vous vous trouvez aura un impact important sur vous ou sur une autre personne impliquée.

La Carte Bleue

La carte bleue est la carte la plus controversée de l'oracle, car elle est complètement différente des autres. On n'y trouve ni numéro, ni nom, ni même une image. On trouve uniquement un fond bleu uniforme.

Il n'y a pas vraiment d'accord entre les différents praticiens sur l'inclusion ou non de cette carte. A ce sujet, même Belline donne une indication très vague dans le petit livre qui accompagne le jeu. Il écrit mot pour mot: «Une carte supplémentaire à fond bleu, uni, est particulièrement bénéfique, et peut servir de carte de remplacement.»

Ainsi, soit elle est bénéfique, soit elle est utilisée en substitution si vous perdez une carte.

J'ai essayé les deux options lorsque j'ai commencé à utiliser l'oracle, et ma conclusion personnelle est de ne pas l'utiliser. Je n'aime pas l'idée selon laquelle une carte sur cinquante-trois est une carte de type «sortie de prison gratuite», vous disant que tout est merveilleux quand il n'y a pas d'équivalent dans la direction opposée. Pour moi, cela rendrait l'oracle déséquilibré et entraînerait une dérive vers un côté positif. Je préfère aussi utiliser des cartes plus nuancées, comme les cinquante-deux autres, car j'ai rarement du mal à aller 100% dans un sens. Je la trouve aussi trop différente des autres cartes, elle ne semble pas appartenir au jeu.

J'ajouterai aussi que cette carte ne faisait pas partie de l'oracle original, elle a été ajoutée par Belline un siècle plus tard. Si le Mage Edmond, créateur de l'oracle, ne l'a pas créée, je ne vois pas pourquoi j'utiliserais quelque chose de différent.

Quoi qu'il en soit, comme pour toute chose, je vous conseille d'essayer les deux cas, de l'utiliser ou non, et de décider ce que vous préférez. Si vous décidez de l'utiliser, l'interprétation est assez simple.

Comme atout

Vous disposez de toutes les qualités et outils nécessaires pour réussir vos démarches.

Comme problème

C'est la position dans une lecture où la carte bleue devient problématique. Comme elle montre tant de positivité et de potentiel, lorsqu'elle se trouve dans une position décrivant un problème, nous devons inverser ses qualités, et la carte montrera alors que des difficultés majeures sont présentes, et votre chance d'obtenir ce que vous désirez est proche de zéro car des forces puissantes agissent contre vous.

Comme conseil

Soyez positif, n'ayez pas peur de vous engager sur vos objectifs et prenez les mesures nécessaires pour avancer, car la chance est de votre côté.

Comme évolution

Vos projets évoluent à merveille. Aucun revers majeur ne se produit, tout avance sans problème.

Comme résultat

Vous pouvez vous attendre à une réalisation complète et réussie de vos projets.

Le Soleil

Le Soleil est l'étoile au centre de notre système solaire, âgé d'environ 4,6 milliards d'années. C'est le centre autour duquel tournent toutes les planètes. Il s'agit, dans l'ordre de la plus proche à la plus éloignée, de Mercure, Vénus, la Terre, Mars, Jupiter, Saturne, Uranus et Neptune.

Dans de nombreuses religions et systèmes spirituels, le Soleil a toujours joué un rôle majeur, fournissant des divinités qui étaient au cœur de nombreux systèmes de croyance à travers le monde. Le Soleil a été très vite associé à la notion de Dieu créateur de toutes choses. Il était au cœur de nombreuses civilisations anciennes, notamment les Égyptiens, les Incas et les Aztèques.

Parmi ces nombreux cultes solaires, le Soleil a joué un rôle actif et est lié à l'archétype masculin, étant associé à une énergie forte.

En astrologie, le Soleil représente le moi, notre motivation, notre ego et notre fierté, c'est notre identité fondamentale. Le signe solaire décrit notre attitude et notre esprit en général. C'est la planète la plus importante de notre thème pour évaluer notre personnalité, car elle symbolise la volonté et le sentiment de vitalité de chacun.

Symboliquement, le Soleil a toujours joué un rôle central dans toutes les traditions philosophiques, toutes les légendes symboliques et spirituelles que les hommes ont conçues et diffusées. Après tout, cela semble normal pour une étoile qui nous apporte chaque jour chaleur et lumière, deux éléments nécessaires pour la production de vie et nous soutenir.

Il n'est pas étonnant, dans ce cas, que toutes les cartes placées sous le signe du Soleil inspirent la bienséance. Elles montrent parfaitement les attributs incarnés par le Soleil: chaleur, lumière, énergie, bonne nouvelle et réussite.

Nous pouvons trouver ses qualités représentées en tant que fertilité dans La Nativité (4), les réalisations dans Réussite (5), le développement personnel et l'épanouissement dans Élévation (6), la gloire, la bravoure et la reconnaissance dans Honneurs (7), l'altruisme dans Pensée-Amitié (8), la bonne santé et le ressourcement dans Campagne-Santé (9), joie et bonheur dans Présents (10).

4 - La Nativité

"Anniversaire de la naissance de Jésus, de sa Mère et de Jean-Baptiste.
Un horoscope au moment de la naissance.
Le lieu d'origine."

Mots-clés: début, naissance, quelque chose qui commence, nouveau projet, émergence.

La Nativité montre un parchemin jaune sur lequel on retrouve un horoscope carré avec les douze signes du zodiaque, une référence directe à l'astrologie qui est très présente dans cet oracle. Le motif carré d'un horoscope est une représentation ancienne qui fut abandonnée plus tard au profit d'un thème circulaire. C'est l'une des rares cartes signées par le Mage Edmond, le créateur de l'oracle.

Dans ce cas précis, le thème astral est presque vide, les seules planètes présentes sont le Soleil et la Lune. Un horoscope vide peut certainement être une analogie avec une situation où «rien n'est encore écrit», quelque chose qui ne fait que commencer et où aucun événement important ne s'est pas encore produit.

Nous pouvons donc voir la Nativité comme étant souvent le début de quelque chose de nouveau. La carte peut représenter une personne dans un état d'esprit ouvert, accueillante pour ce qui est nouveau autour d'elle et prête à embrasser pleinement la vie et ce qu'elle lui apporte.

La Nativité représentera donc des nouveaux projets, des événements nouveaux, quelque chose qui est prévu mais pour lequel aucune réalisation n'a encore eu lieu.

Comme atout

Le moment est très favorable pour que vous puissiez amorcer quelque chose de nouveau, que ce soit des idées fraîches, ou débuter des nouveaux projets, ou pour vous retrouver face à des situations inédites. Le moment est venu pour vous de commencer à travailler sur la création de ce que vous imaginez pouvoir réaliser.

Comme problème

Comme la Nativité est une carte montrant un commencement, dans une position défavorable, elle va donc exprimer des difficultés à démarrer quelque chose, que ce soit un nouveau projet, ou éventuellement à trouver de nouvelles idées. Vous essayez de démarrer une activité, mais il manque tellement de planification ou d'organisation que vous vous retrouvez dans l'impossibilité de concrétiser vos idées.

Comme conseil

La Nativité vous suggère d'apporter du neuf dans toute situation dans laquelle vous êtes impliqué. Cela peut prendre la forme d'idées fraîches ou de nouvelles actions, tout ce qui peut apporter une nouveauté à votre situation. Comme la carte évoque tout ce qui touche à la naissance de quelque chose, vous devriez donc prendre des décisions vous permettant de poursuivre votre situation sur de nouvelles bases.

Comme la planète qui influence la Nativité est le Soleil, cela pourrait être aussi le bon moment pour consacrer de l'énergie et des ressources à un projet différent, sans rapport avec votre situation actuelle.

Comme évolution

L'orientation prise par votre situation semble favorable pour faire émerger de nouvelles possibilités, des perspectives potentielles et importantes que vous pourriez envisager mais qui ne se sont pas encore concrétisées. La Nativité montre la potentialité que celles-ci s'affirment et se manifestent de manière plus concrète.

Comme résultat

La Nativité peut témoigner du succès dans la mesure où elle représente la naissance de quelque chose, qui peut être sur le plan matériel ou intellectuel. Ce qui est important avec La Nativité, c'est d'avoir confiance en vous pour l'avenir, puisque elle fait souvent référence au succès initial de vos efforts, vous amenant à un point où vous pouvez envisager de passer à l'étape suivante.

5 - Réussite

"Succès, résultat favorable.
Entreprise, action, œuvre qui connaît le succès."

Mots-clés: succès, récompense, issue favorable, victoire, profit, rétribution.

La carte est représentée par une couronne de laurier à laquelle sont suspendus un ruban et une médaille. Ce sont des références directes aux récompenses et aux honneurs qu'apporte cette carte.

La couronne de laurier est un symbole de victoire, d'honneur et de paix. C'était un symbole du dieu grec Apollon et la feuille de laurier elle-même était censée avoir des capacités de purification spirituelle et physique. Les Grecs de l'Antiquité offraient des couronnes de laurier aux vainqueurs des jeux olympiques et des concours poétiques. Les empereurs romains et les commandants militaires les portaient souvent après une bataille. Encore aujourd'hui, la couronne de laurier est souvent remise par les universités lors des cérémonies de fin d'année, où elle est apposée sur les diplômes, en signe de réussite et de maîtrise.

Un ruban et une médaille sont décernés pour commémorer une personne, une action ou un événement, et remis en récompense d'un acte de bravoure, de mérite ou autre action similaire. La forme de la médaille nous rappelle la «croix de fer», une médaille qui était généralement décernée pour un courage exceptionnel.

Comme on peut le déduire de la symbolique de ces objets, Réussite montrera une personne persévérante, qui ne s'arrêtera pas face aux obstacles. Elle montre quelqu'un qui est récompensé parce qu'il ou elle a pu atteindre ses objectifs, ou quelqu'un qui se démarque par ses capacités à avancer et à utiliser son potentiel de la meilleure façon possible. La carte montrera aussi une personne charismatique, chaleureuse, ayant du potentiel pour réussir, toutes des qualités que le Soleil apporte également en tant que planète.

Comme atout

Réussite montre beaucoup de possibilités, le fait que vous avez les capacités nécessaires pour réussir dans n'importe quelle situation où vous êtes concerné. C'est certainement l'une des meilleures cartes à avoir comme atout, car elle montre que tout joue en votre faveur, que vous disposez de tous les outils et du courage nécessaires pour réussir à atteindre vos objectifs.

Comme un problème

La carte montrent que vous n'êtes pas, pour le moment, en mesure d'atteindre le succès dans vos projets. Cela peut être dû à un manque de courage ou de persévérance, ou à d'autres éléments extérieurs jouant contre vous, vous faites face à de nombreuses difficultés pour pouvoir avancer.

Comme conseil

Pour réussir, vous devez agir comme quelqu'un qui réussi, vous devez affirmer votre propre potentiel ou vos idées avec l'audace que l'on retrouve chez toutes les personnes optimistes et triomphantes. Soyez audacieux, le succès vous invite à passer à l'action avec l'attitude de quelqu'un prêt à conquérir.

Comme évolution

Réussite est bien sûr de très bon augure quand on regarde l'évolution d'une situation, car ce qui est désiré évolue dans une direction intéressante et prometteuse. Bien sûr, c'est encore à vous de fournir suffisamment d'énergie pour faire avancer vos projets, mais la carte indique qu'ils prennent une tournure favorable.

Comme résultat

Réussite indique que vos efforts porteront leurs fruits et que vous atteindrez votre objectif. Avec l'énergie et la lumière du Soleil, tout est possible pour apporter une issue favorable à votre situation. Les problèmes sont résolus, les projets fleurissent.

6 - Elévation

*"Action de lever, d'élever quelque chose à une certaine hauteur.
Action d'augmenter, d'élever la valeur, le prix, la quantité de
quelque chose.
Fait d'élever quelqu'un ou de s'élever à une dignité, un statut
supérieur."*

Mots clés: ascension, gain d'altitude, vision globale,
progression, ambition.

La carte montre une pyramide et une échelle posée au
sol.

La pyramide a une forme intéressante, symboliquement
elle peut représenter la fondation avec la Terre en bas, tandis
que le sommet pointu représente le chemin vers les états
supérieurs de conscience. En effet, la croyance était que les
côtés triangulaires représentaient les rayons du soleil et que
son sommet pointu était considéré comme une
représentation du ciel ou du paradis.

L'échelle posée au sol montre que le consultant dispose

des outils nécessaires pour pouvoir s'élever et atteindre une position plus haute. Mais comme pour la plupart des choses dans la vie, un effort sera nécessaire pour atteindre ces objectifs, et cela se fera probablement étape par étape.

La symbolique de ces éléments montre la grandeur de cette carte, dont le concept principal est celui de s'améliorer ou de s'élever. Ce développement peut bien entendu se situer sur un plan psychologique, social, personnel ou matériel.

Un autre aspect à noter avec cette carte est qu'en nous élevant dans une situation particulière, nous sommes capables de voir ce qui se passe de plus loin et avec une perspective plus élevée.

Comme atout

Votre expérience et votre jugement vous permettent de prendre du recul par rapport à la situation dans laquelle vous êtes impliqué. Vous êtes ainsi capable de prendre une certaine distance par rapport aux petits détails et de voir ce qui se passe de manière plus globale. Cette perspective plus élevée vous permet d'examiner votre situation avec objectivité.

Comme problème

Élévation montre des difficultés pour progresser, pour atteindre vos objectifs. Cela est probablement dû au fait que vous restez trop proche de vos problèmes, que votre point de vue devient trop étroit, qu'il devient difficile pour vous de voir votre situation globalement, car vous manquez d'objectivité. En conséquence, vous n'arrivez pas facilement à passer à l'étape suivante nécessaire au développement de votre situation.

Comme conseil

Élévation, par définition, vous demande de vous détacher de vos problèmes et de les regarder sous un angle plus élevé et avec plus d'objectivité. Prenez simplement du recul par rapport à l'action pendant un moment et considérez votre situation dans son ensemble, cherchez comment vous pouvez passer à la phase suivante de votre projet.

Comme évolution

Vos projets progressent et atteignent un niveau supérieur, se rapprochant de leur réalisation. C'est probablement dû au fait que vous avez un meilleur point de vue par rapport à votre situation. Effectivement, en voyant votre contexte de manière plus globale, vous parvenez à mieux comprendre ce qui se passe et à avoir une meilleure perspective qui vous permet de réagir plus efficacement.

Comme résultat

Élévation exprime davantage la notion d'atteinte un niveau supérieur ou un progrès vers vos objectifs, plutôt qu'une réussite totale. Avec cette carte, nous recherchons davantage une amélioration plutôt qu'une résolution complète.

Pensez par exemple à l'évolution d'une relation où l'on passe à l'étape suivante, ou à l'obtention d'une promotion au travail. Ces événements ne montrent pas un résultat total, mais plutôt un progrès substantiel.

7 - Honneurs

"Ensemble de principes moraux qui incitent à ne jamais accomplir une action qui fasse perdre l'estime qu'on a de soi ou celle qu'autrui nous porte.
Sentiment de sa propre dignité, réputation.
Témoignage d'estime, de considération qui honore quelqu'un."

Mots-clés: reconnaissance, acceptation, distinction, gratitude, fierté, notoriété.

On retrouve une couronne avec deux sceptres se croisant en dessous d'elle, deux symboles d'autorité et de pouvoir.

La couronne au sommet de la carte évoque un sentiment de royauté, de quelqu'un possédant un pouvoir universel. Dans le contexte de cette carte, on peut voir la couronne comme représentant un titre honorifique, comme elle était habituellement réservée à la royauté.

En dessous, on trouve deux sceptres, l'un avec un pommeau sphérique et l'autre avec une main ayant l'index tendu. Ensemble, ils représentent un symbole de pouvoir et d'autorité universels. Comme pour la couronne, un sceptre était avant tout donné aux dirigeants et utilisé lors de cérémonies.

Il y a une différence perceptible entre la carte Réussite (5) et Honneurs. Alors que Réussite montre une issue favorable à une situation, Honneurs traite davantage de la manière dont ce succès est obtenu. La carte montre une forme d'élévation personnelle qui n'est accessible qu'à ceux qui agissent avec moralité et des principes, il y a une forte notion de respect accordé à la personne.

Les distinctions peuvent également représenter une personne talentueuse, acclamée pour ce qu'elle peut faire. À ce titre, elle représente quelqu'un qui s'est illustré brillamment.

Comme atout

Vous êtes dans une période florissante et rien ne semble pouvoir vous arrêter. Cela vous permet d'être reconnu pour les efforts que vous déployez pour résoudre vos projets ou les situations dans lesquelles vous êtes impliqué. Honneurs montre certainement une personne très dynamique, agissant de manière juste et dotée d'un grand pouvoir de conviction, de courage et d'honnêteté.

Comme problème

Les solutions que vous recherchez pourraient être difficiles à obtenir de manière honorable. De ce fait, votre fierté, excès de confiance et insouciance ont tendance à être mis en avant pour essayer de résoudre les conflits. Il existe une tendance à utiliser des moyens moralement corrompus pour tenter d'atteindre certains objectifs, en agissant davantage comme une personne recherchant avant tout un avantage personnel plutôt que comme quelqu'un de juste.

Comme conseil

Honneurs vous conseille de mettre en avant votre capacité à prendre le contrôle de la situation dans laquelle vous vous trouvez et de faire preuve de responsabilité dans la façon dont vous agissez. Après tout, la carte concerne avant tout la reconnaissance et la moralité dans la manière dont vous agissez pour résoudre vos problèmes. À cet égard, essayez de ne pas agir trop rapidement ou de manière irresponsable. Vous devez toujours souligner la droiture de votre caractère.

Comme évolution

La confiance dans la situation dans laquelle vous êtes impliqué grandira, vous serez bien jugé et apprécié par les autres. À mesure qu'une certaine forme de reconnaissance arrive, elle vous permettra d'agir de manière décisive et de montrer des qualités de responsable et de droiture dans vos actions. Du coup, vos projets avancent de manière agréable, la reconnaissance de vos efforts arrive.

Comme résultat

Être reconnu et honoré par vos pairs est certainement un bon signe pour l'avancement de vos projets, qui vont au moins dans le bon sens. Comme vous êtes célébré pour vos efforts, vous pouvez être sûr que la situation à laquelle vous faites face sera résolue en votre faveur. Non seulement il y a une notion de résultat positif avec des distinctions honorifiques, mais aussi un résultat dont vous pouvez être fier.

8 - Pensée - Amitié

"Pensée: ensemble des processus par lesquels l'être humain au contact de la réalité matérielle et sociale élabore des concepts, les relie entre eux et acquiert de nouvelles connaissances.
Amitié: sentiment d'affection entre deux personnes; attachement, sympathie qu'une personne témoigne à une autre."

Mots clés: altruisme, fidélité, protection, bienveillance, sincérité, harmonie.

Le mot-clé «amitié» nous rappelle les sentiments d'affection et de sympathie qui se développent entre deux personnes. C'est certainement la raison pour laquelle on peut voir une tête d'un chien au milieu de la carte. En effet, déjà à l'époque des Grecs et des Romains, les chiens étaient appréciés pour leur fidélité et leur courage. Ils symbolisaient la loyauté et c'est pour cette raison que les chiens ont toujours été acceptés comme animaux domestiques. Après tout, il y a une raison pour laquelle on entend souvent dire que le chien est le meilleur ami de l'homme, un fidèle compagnon.

Dans ce contexte, l'autre mot-clé, «pensée», doit être compris, non pas spécialement dans la rationalisation et la compréhension des idées, mais plutôt dans un contexte plus affectif, celui où l'on pense à quelqu'un d'autre, avec une connotation affective. Sur un aspect plus symbolique, la fleur dessinée sur la carte est une pensée, une fleur souvent associée aux souvenirs, à l'amour, à l'affection, notamment dans le domaine sentimental.

Ces deux symboles expriment bien les concepts principaux derrière cette carte, ceux de l'amitié et de la loyauté envers les autres, ainsi que le côté innocent et naturel des relations.

Comme atout

L'une de vos principales qualités est que vous êtes très accueillant avec les gens, et que vous pouvez nouer facilement de nouvelles amitiés, comme les gens ont tendance à vous apprécier. Cela vous permet d'établir de nouveaux contacts sans trop de difficultés, qui pourront vous aider à réaliser vos projets.

Et dans ces nouveaux contacts, leur fidélité devient importante, car soit vous trouvez des personnes prêtes à vous aider, soit possédant l'expertise qui vous manque.

Comme problème

Vous vous retrouvez isolé face à vos problèmes. Il peut y avoir deux raisons pour cela: soit vous avez des difficultés à établir de bons contacts avec les autres, soit vous vous retrouvez dans un environnement peu convivial. Quoi qu'il en soit, ce manque de soutien nuit à vos projets et vous met en danger de ne pas atteindre vos objectifs.

Comme conseil

Pensée-Amitié vous invite à prendre contact avec d'autres et à vous comporter de manière altruiste. Vos objectifs gagneraient à avoir au moins le soutien de personnes qui peuvent vous aider, soit directement par leur expertise, soit en vous apportant leur soutien moral. Pour y parvenir, vous devez bien entendu faire preuve de qualités telles que l'empathie et la loyauté. Soyez ouvert aux autres, votre réseau social peut vous aider.

Comme évolution

L'une des meilleures conséquences de Pensée-Amitié est d'éviter les tensions et les conflits avec les autres. Cela vous permet d'évoluer vers vos objectifs dans une atmosphère apaisée. Effectivement, vous vous retrouvez dans un climat où règnent confiance et fidélité.

Comme résultat

Une atmosphère agréable permet à vos projets de connaître un certain succès, car elle indique un sentiment de confiance et de sécurité dans la manière de les traiter. La façon dont vous vous comportez vous permet d'établir facilement des bonnes communications avec les autres, et vous permet d'acquérir une certaine stabilité et un sentiment d'accomplissement.

9 - Campagne - Santé

"Campagne: Étendue de pays plat et découvert, ou assez plat et à l'intérieur des terres.
Les champs, par opposition à la ville ; les terres cultivées ; les gens qui y habitent.
Santé: état de bon fonctionnement de l'organisme.
État, situation, satisfaisants ou non, de quelque chose dans le domaine économique, social."

Mots clés: vacances, loisirs, détente, nature, tranquillité, ressourcement, sérénité.

Sur la carte, nous trouvons une maison, un arbre et une fleur, qui est apparemment un lys. La maison est un lieu où l'on se sent en sécurité et «chez soi», protégé par les murs qui nous entourent. Le bâtiment protège ses habitants des forces extérieures et leur offre un abri lorsque les conditions extérieures ne sont pas favorables.

L'arbre a toujours été un symbole de santé et de vitalité, quelque chose qui pousse lentement, mais qui est robuste et profondément enraciné. Le lys est aussi un symbole de pureté, une fleur qui demande du temps à être cultivée. Elle représente également un emblème de la royauté, pensez par exemple à la «fleur de lys » dans la famille royale française avant la révolution de 1789.

Campagne-Santé inspire le calme, la sérénité et le repos. La campagne doit être comprise par opposition à la vie urbaine, où l'activité et le bruit sont constants. On retrouve ici une atmosphère calme où le corps et l'esprit peuvent se reposer et guérir, loin de toute source de stress. La carte se veut rassurante pour le consultant en le plaçant dans une position sécurisée.

En tant que tel, la carte peut représenter une personne se sentant bien et reposée, physiquement et moralement. Au minimum, elle montrera un style de vie calme, vécu dans une atmosphère sereine.

Comme atout

Vous vous retrouvez dans un environnement paisible, dépourvu de tout conflit. Cela vous permet d'affronter vos problèmes et difficultés avec sérénité, l'esprit dépourvu de bruits et d'influences extérieures. La confiance règne, vous pouvez rester confiant et optimiste.

Comme problème

Par rapport à votre question, vous prenez trop de temps pour vous détendre et vous regardez vos problèmes avec trop de détachement. Ce type d'inactivité devient problématique car vous êtes probablement confronté à une situation qui nécessite une action de votre part. Vous êtes trop confiant et optimiste, au point de prendre trop de distance par rapport à ce qui se passe autour de vous.

Comme conseil

Vous êtes dans une position où vous devriez prendre le temps de vous détendre et vous calmer avant d'agir. Soyez patient, agissez lentement, attendez de vous sentir en sécurité avant de faire quoi que ce soit. Parfois, ne pas agir et laisser les choses aller sans votre implication donnera le meilleur résultat.

Comme évolution

Campagne-Santé montre que vos projets évoluent doucement mais lentement, vous pourriez même avoir l'impression qu'ils mettent trop de temps à se concrétiser. En fait, peu d'actions sont entreprises, l'ambiance est davantage à la guérison ou à la réparation de ce qui doit être fixé plutôt qu'une action radicale. Le calme et la tranquillité seront conducteurs du bien fondé de vos projets.

Comme résultat

Le Soleil comme planète indique déjà une direction de réussite pour vos projets, car il fournira suffisamment d'énergie pour leur réalisation. Mais avec cette carte, il ne faut pas s'attendre à des circonstances où il se passe beaucoup de choses. Vous vous retrouverez dans une situation calme et sereine, où aucun changement majeur ou important ne se produit. Le moment est davantage consacré à la résolution ou à la guérison des problèmes existants.

Un avertissement en dernier mot. Même s'il y a des progrès, vous pourriez ne pas apprécier le résultat dans certaines situations. Si vous recherchez des progrès retentissants, comme par exemple lors d'un entretien d'embauche, vous pourriez vous retrouver dans une situation où vous avez bien montré vos qualités, mais peut-être trop détaché pour obtenir le poste que vous recherchiez.

10 - Présents

"Objet que l'on offre, cadeau."

Mots-clés: gratification, générosité, rétribution, gain, faveurs, don.

Une main sortant d'un nuage distribue sept pièces de monnaie, une couronne, une médaille et un sceptre.

Premièrement, nous pouvons voir la main comme une «main céleste» s'étendant du nuage et s'ouvrant pour nous donner touts ces objets qui en tombent. Une intervention «céleste» serait un acte auquel nous ne nous attendons pas et qui nous apporte quelque chose.

Or, si l'on regarde ce qui est donné, les pièces représentent une richesse matérielle. Nous pouvons nous attendre, en les recevant, à avoir une vie plus facile car elles nous offrent la possibilité de satisfaire au minimum nos besoins matériels de base.

La couronne, le sceptre et la médaille sont trois distinctions honorifiques importantes. Une médaille est décernée en reconnaissance de notre bravoure et est généralement décernée en gratitude pour nos actions. Le sceptre et la couronne nous rappellent la carte Honneurs (7), où nous retrouvons aussi ces mêmes objets, représentant symboliquement une élévation personnelle qui vous nous est donnée en récompense de notre moralité et de la manière dont nous avons agi.

Présents représente les cadeaux et les bonnes choses que nous recevons dans la vie. Cela peut être la façon dont nous sommes reconnus moralement, ou quelque chose de plus banal, qui nous donne une certaine richesse matérielle. Par extension, en regardant la main, Présents peut également représenter une personne soucieuse de notre bien-être et prête à nous fournir ce dont nous avons besoin.

Comme atout

La situation dans laquelle vous vous trouvez est telle que tout ce dont vous avez besoin pour atteindre vos objectifs vous est symboliquement donné. Il n'y a pas beaucoup d'efforts à faire, car vous pouvez compter sur la générosité des autres pour vous aider dans votre quête, vous permettant ainsi de disposer de nombreux atouts pour résoudre vos problèmes actuels.

Comme problème

Comme Présents représente avant tout l'ensemble des faveurs et des biens matériels dont vous auriez besoin pour résoudre vos problèmes, trouver cette carte en position défavorable devient problématique. Elle montre le manque de ressources à votre disposition, supprimant l'aide et le soutien que vous pourriez obtenir des autres. En conséquence, vous vous retrouvez seul, sans grand-chose à votre disposition, pour tenter de résoudre vos problèmes.

Comme conseil

Vous devez être généreux et prévenant, car la carte souligne l'importance des récompenses, qui peuvent être spirituelles ou matérielles. La générosité signifie que vous devez être capable de donner sans rien attendre en retour.

On pourrait aussi considérer l'aspect inverse, où c'est vous qui recevez. Dans ce cas, n'hésitez pas à demander de l'aide, qui peut être morale, matérielle ou montrer l'intervention d'autrui, car la carte prévient que ce que vous demandez est disponible quelque part.

Comme évolution

La situation évolue favorablement pour vous, les gens sont prêts à vous aider, et c'est à vous de voir et de reconnaître les chances et les opportunités qui se présentent. Ces opportunités peuvent prendre la forme de personnes qui vous aident, capables d'influencer la situation en votre faveur, ou d'une aide matérielle ou financière.

Comme résultat

Présents prédit le succès, car le concept de la carte est celui de l'enrichissement, de choses qui vous sont offertes. Dans cette optique, il y a des opportunités à saisir, et vous êtes récompensé en recevant une certaine forme de pouvoir et d'autorité, ou un avantage financier ou matériel.

La Lune

La Lune est le seul satellite naturel en orbite autour de la Terre, à une distance d'environ 384,400 km. Elle est particulière dans le sens où le même côté fait toujours face à la Terre, du fait qu'elle tourne exactement une fois par orbite, un jour lunaire dure 29,5 jours terrestres. La Lune a une très grande influence sur la Terre, car son attraction gravitationnelle est le principal facteur des marées.

Dans l'oracle Belline, la Lune est considérée comme une planète, au même titre qu'en astrologie et dans les divers cercles ésotériques.

La Lune est omniprésente dans toutes les mythologies et croyances populaires, et elle est souvent associée à la divinité féminine. Dans la Chine ancienne, elle relevait du principe yin et, dans la mythologie grecque, elle était connue sous le nom de déesse Séléné. L'influence féminine de la Lune est certainement due au mois lunaire, qui correspond à la période menstruelle.

En astrologie, la Lune est la maîtresse de vos émotions. Elle décrit notre vie émotionnelle, nos désirs, nos sentiments, le fonctionnement de notre monde intérieur. Si le Soleil nous donne notre esprit, la Lune nous donne notre âme. Elle régit tous les événements subconscients qui se produisent sous la surface de nos vies. La fertilité, la grossesse et l'accouchement sont également régis par la Lune, ainsi que le côté maternel.

Symboliquement, et contrairement au Soleil, la Lune est passive car elle gravite autour de la Terre. Elle représente le principe féminin, complémentaire du principe masculin du Soleil. Elle est également associée à la nuit, à sa magie et à ses mystères, par opposition à la lumière du jour révélatrice d'une réalité plus objective. En tant que tel, il peut s'agir du monde des ténèbres, de l'inconnu, de l'inconscient.

Dans le même esprit, la lune évoque l'intimité du psychisme et la condition de l'âme humaine, prise entre sa face sombre (instincts, passions incontrôlées) et sa face lumineuse (réflexion, logique).

La lune évoque aussi le changement et l'impermanence: c'est un satellite évolutif, illuminant parfois la nuit comme presque en plein jour lors de la pleine lune, ou s'éteignant complètement pour laisser place à l'obscurité.

Nous pouvons trouver ces aspects représentés par le manque de fiabilité et l'obscurité dans Trahison (11), les inconnues dans Départ (12), les changements imprévisibles et les sautes d'humeur dans Inconstance (13), le mystère dans Découverte (14), les émotions et la psyché dans L'Eau (15), la famille dans Les Pénates (16) et l'incertitude dans maladie (17).

11 - Trahison

*"Action de trahir son pays, sa patrie, une cause.
Manquement à la parole donnée, à un engagement, à un devoir
de solidarité."*

Mots-clés: tromperie, trahison, manque de loyauté,
infidélité, manque de confiance.

Un chat regarde le consultant d'un air malicieux, sortant
ses dents et ses griffes, la queue relevée, et est prêt à vous
attaquer à tout moment inattendu. Tous ces signes
indiquent une action rapide menant à la duplicité ou à la
blessure.

Parfois associé au diable et aux sorcières, un chat noir
peut être effrayant et pouvait devenir rapidement un être
maléfique dans de nombreuses traditions. Il est souvent
associé à une image négative et à une attitude sournoise,
probablement dû au caractère indépendant de l'animal. Il y
a aussi le fait que leurs yeux, contrairement aux yeux
humains, leur permettent de voir très clairement la nuit.

Cela donne au chat un sentiment d'assurance dans le noir, et bien sûr, avec ceci, viennent des pouvoirs imaginés comme la luxure, la cruauté, etc...

Aujourd'hui encore, pour les plus superstitieux d'entre nous, croiser un chat noir peut être de mauvais augure.

Comme atout

Vous êtes capable de détecter rapidement ce qui ne va pas autour de vous. Par exemple, si quelqu'un essaie de vous tromper ou si vous vous trouvez dans une situation où vous vous sentez exploité, vous êtes capable de détecter ce qui se passe et de réagir.

La trahison pourrait également indiquer que vous devez d'abord penser à vous-même. Dans ce cas, il se peut que vous ayez besoin de révéler des informations cachées ou de lancer une action qui vous donnera un avantage, même si cela peut nuire à quelqu'un d'autre.

Comme problème

Parfois, nous sommes notre propre ennemi lorsque nous agissons avec les autres. La trahison peut signifier que vous vous trahissez littéralement par vos actions, par exemple en révélant des informations qui se retourneront contre vous plus tard ou en agissant de manière à ce que les autres perdent confiance en vous.

Mais souvent, le problème est que les gens profitent trop de vous. Pour arriver à leurs fins, ils n'ont pas peur de vous tromper, voire de vous poignarder dans le dos. Par exemple, vous pourriez trouver des gens qui bavardent dans votre dos et qui diffusent des fausses informations à votre sujet. Quoi qu'il en soit, certains éléments ou aspects de ce qui se passe autour de vous ne sont pas ce qu'ils semblent être et les promesses ne sont pas tenues.

Comme conseil

Vous devriez être prudent et méfiant à l'égard de ce qui se passe autour de vous, car Trahison représente un danger invisible qui vous guette. Éloignez-vous des personnes peu fiables et de celles qui pourraient vous abuser en utilisant leur influence.

Vous pourriez également être celui qui utilise les attributs de la carte. En ce sens, vous devriez probablement faire attention à ne pas trop révéler sur votre situation. Vous pourriez même suggérer des choses qui ne sont pas exactes à 100% si elles peuvent vous apporter un avantage. Parfois, face à des situations difficiles, cacher vos véritables intentions peut être la meilleure façon d'avancer.

Comme évolution

L'évolution de la situation dans laquelle vous êtes impliqué sera probablement un peu décevante, il ne faut pas vous attendre à ce que tout avance comme vous l'espérez. Trahison prédit en effet une triste différence entre ce que vous attendez et ce qui se passe réellement, au point d'être déçu et de devoir reconsidérer vos attentes.

Comme résultat

Trahison vous laissera certainement un goût amer, car vous pouvez vous attendre à une certaine déception face à ce qui s'est passé. Il peut y avoir un malentendu sur la situation dans laquelle vous vous trouvez, probablement dû à l'attitude peu digne de confiance des personnes qui vous entourent.

Comme indiqué précédemment, la trahison peut également survenir en raison d'actions que nous nous sommes infligées. Il se peut que nous ayons mal compris la situation dans laquelle nous nous trouvons ou que nous soyons trop confiants et que, en conséquence, nous agissions d'une manière qui nous nuira plus tard. Dans ce cas, le résultat attendu ne se produira pas, nous laissant avec un sentiment de désillusion causé par un manque de prévoyance.

12 - Départ

"Action de partir, moment où l'on part.
Commencement d'une réalisation envisagée, d'une action, d'une
activité; début."

Mots-clés abandon, nouveaux projets, émancipation,
liberté, renouveau.

Un groupe de dix oiseaux prend son envol et laisse
derrière lui un paysage montagneux.

Les oiseaux ont toujours symbolisé des concepts tels que
le nouveau départ, l'espoir et la liberté. Il semble donc
évident d'associer ces dix oiseaux quittant la montagne à un
départ, une émancipation au sens de quitter un lieu pour en
trouver un nouveau à coloniser. En même temps, le vol est
souvent associé à une sorte d'élévation, et il décrit notre
capacité à nous élever ou à nous éloigner d'une situation qui
ne nous satisfait plus, et à essayer d'atteindre quelque chose
de nouveau, souvent encore inconnu.

Si l'on regarde attentivement les montagnes

représentées sur la carte, elles ressemblent beaucoup aux montagnes trouvées sur la carte Stérilité (47). Elles sont nues, il n'y a ni végétation, ni vie. Cela pourrait expliquer que l'endroit que quittent ces oiseaux n'a plus rien à offrir. Ils sortent d'une situation devenue malsaine et dans laquelle on ne peut plus rien obtenir.

Comme atout

La flexibilité dans la façon dont vous gérez votre situation peut être considérée comme un atout, car elle vous permet de naviguer et d'avancer dans une direction vous mettant dans une position plus favorable. Vous êtes prêt à tenter votre chance ou à quitter une position qui ne vous plait plus, même si vous ne savez pas encore où cela vous mènera; tout ce que vous savez, c'est que cette décision consolidera votre position.

Comme problème

Départ décrit bien sûr des problèmes liés à la possibilité de se déplacer librement, ou de toutes sortes de mouvement en général. Vous savez que les circonstances dans lesquelles vous vous trouvez deviennent statiques, malsaines et qu'il n'y a plus rien à y gagner, mais en même temps, vous n'avez ni la force, ni la possibilité ou l'envie de partir.

Comme conseil

Départ vous invite à évoluer en laissant derrière vous ce qui ne vous apporte plus rien. Même si vous ne connaissez pas encore votre destination, ne vous encombrez pas de choses du passé qui ne vous apportent plus rien d'utile, il est temps de passer à l'étape suivante.

Comme évolution

Le contexte dans lequel vous vous trouvez ne va pas rester statique. Départ annonce des changements drastiques qui vous feront quitter votre position, car vous n'avez plus rien à y gagner. En effet, comme le montrent ces oiseaux migrateurs, on s'écartera de la direction actuelle dans laquelle les choses évoluent dans l'espoir de trouver quelque chose de mieux. Il est temps d'avancer vers autre chose, que ce soit une autre idée ou une autre voie.

Comme résultat

Départ ne présage pas d'une issue heureuse. Outre le fait que la carte est sous l'influence de la Lune, nous pouvons constater qu'il existe encore des incertitudes quant à votre évolution. La seule chose certaine, c'est qu'un mouvement se produira, soit lorsque le consultant quittera une situation qui ne lui fournit plus ce dont il a besoin, soit simplement pour commencer quelque chose de nouveau. Mais le résultat de cette décision est loin d'être connu, car le consultant ne sait pas encore où ces événements le mèneront.

13 - Inconstance

"Disposition à changer fréquemment d'idées, de sentiments, de résolutions, et, en particulier, à manquer de fidélité dans les affections, les relations sentimentales.
Tendance de quelque chose à changer, à devenir défavorable après avoir été favorable.."

Mots-clés: indécision, hésitation, imprévisible, polyvalent, mouvement, fluctuation, superficiel.

Une tête émerge d'un nuage et souffle en direction d'une construction au sommet de laquelle flotte un drapeau vert et rouge. A proximité du bâtiment, on peut également apercevoir un mont.

Cette représentation d'une tête ou d'un visage d'ange était courante à l'époque de la Renaissance, et ce visage soufflé était une représentation typique du vent à cette époque. En tant qu'expression du vent, on peut facilement imaginer ce souffle, qui peut être léger ou fort selon les conditions, changer de direction ou soudainement différer

74

en intensité. Le vent devient ainsi une représentation symbolique de changements, souvent imprévisibles, qui varient constamment en intensité et nous poussent dans différentes directions.

Au bas de la carte, on trouve un mont et un bâtiment, deux éléments suffisamment solides pour résister aux intempéries et au vent, même fort. C'est avec ceci qu'on peut comprendre une certaine dualité de la carte. Même dans des circonstances où les changements sont inévitables et parfois imprévus, nous parvenons à trouver un refuge. Dans ce sens, les changements peuvent devenir une bonne chose, dans la mesure où une certaine forme de protection nous est offerte.

Cependant, même si nous pouvons rester en sécurité, Inconstance représentera souvent des doutes et des hésitations sur la manière de procéder.

Comme atout

Vous êtes flexible et capable de corriger facilement le cours des événements auxquels vous faites face. Les changements peuvent devenir un atout lorsque nous nous y adaptons, car nous pouvons bénéficier de nos réactions rapides aux fluctuations.

Selon les circonstances, Inconstance peut également se manifester dans la façon dont nous nous sentons protégés et immunisés contre les conséquences de tous les événements qui se produisent autour de nous.

Comme problème

Prendre des décisions est problématique pour vous, car vous n'êtes pas capable de vous décider et de prendre les mesures appropriées. Vous devenez victime de votre statisme, au point que vous ne savez pas exactement comment procéder, ce qui entrave votre capacité à exécuter ce qui est nécessaire.

Comme conseil

Inconstance vous conseille de rester flexible et de garder une attitude où vous êtes prêt à vous adapter aux nouvelles circonstances. Il vaudrait peut-être mieux que vous ne décidiez rien trop rapidement et que vous mainteniez plutôt une attitude neutre et indéterminée, une attitude dans laquelle vous réagissez aux éléments changeants qui vous entourent. Être polyvalent est essentiel, et parfois la meilleure solution est de ne pas agir du tout et de laisser les circonstances entourant votre situation décider de la marche à suivre.

Comme évolution

Inconstance montre que l'évolution de votre situation deviendra incertaine et en constante évolution. Même si vous pouvez vous sentir en sécurité dans ces circonstances changeantes, vous pouvez vous attendre à des renversements de situation, rendant tout progrès difficile à contrôler.

Comme résultat

Les indécisions et les incertitudes dominent, ce qui rend impossible de déterminer à quel niveau vos projets réussiront ou non. Cela ne signifie pas un échec, mais tout simplement que vos projets ne se dirigent pas vers un état stable, vous pouvez vous attendre à davantage de changements au fil du temps, souvent imprévisibles.

14 - Découverte

" Action de découvrir ce qui était caché, dissimulé ou ignoré.
Fait de prendre conscience d'une réalité jusque-là ignorée ou à
laquelle on n'attachait aucun intérêt ; révélation."

Mots-clés: exploration, apprendre quelque chose de nouveau, connaissance, compréhension.

Au centre de l'image, on trouve un télescope pointé en direction d'une étoile, un objet qui évoque l'exploration de quelque chose d'inconnu, ou la découverte de choses nouvelles, car l'usage premier d'un télescope est de rendre les objets éloignés plus grands et plus détaillés.

Au bas de la carte, on voit un parchemin sur lequel sont dessinés une étoile et un cercle barré, un livre ouvert, un livre fermé, et un hibou. Les livres sont bien sûr associés à la connaissance, et trouver ici un livre ouvert et un livre fermé peut signifier que nous sommes en train d'apprendre de nouvelles choses, dont certaines n'ont pas encore été découvertes. Quant au hibou, ce volatile a toujours été associé à la sagesse et à la clairvoyance, car il peut voir dans le noir.

Tous ces éléments amènent une notion indiquant que l'on ne sait pas tout, et d'une connaissance que l'on découvre grâce à l'observation. En ce sens, Découverte peut également représenter de nouvelles informations auxquelles nous n'avions pas accès dans le passé.

Comme atout

Vous êtes curieux de ce qui se passe autour de vous et cette attitude vous donne la possibilité d'approfondir vos connaissances concernant le contexte dans lequel vous vous trouvez. En effet, vous êtes capable de trouver de nouveaux éléments qui manquaient et qui peuvent vous aider à résoudre les problèmes que vous rencontrez.

Comme problème

Soit certains aspects de votre situation ne sont pas clairs, soit il vous manque certains éléments qui seraient nécessaires pour faire face à vos préoccupations. Le problème est que vous n'avez pas accès à de nouvelles connaissances ou que vous n'êtes pas disposé à prendre des mesures pour mieux vous informer. En conséquence, vous restez vulnérable et vous ne savez pas pourquoi.

Avec Découverte, il peut également arriver que certaines informations cruciales vous soient cachées pour des raisons néfastes et que vous ne soyez pas capable de découvrir la vérité.

Comme conseil

Vous devez être curieux et avoir une ouverture d'esprit concernant ce qui se passe autour de vous, cela vous permettrait d'acquérir des connaissances qui n'étaient pas révélées jusqu'à présent. Regarder au-delà des apparences vous aidera à découvrir ce qui n'apparaît pas au premier abord. En ce sens, Découverte consiste davantage à être en alerte et à réagir à de nouveaux faits plutôt qu'à agir immédiatement.

Comme évolution

Votre projet nécessitera probablement d'aller dans une direction différente de celle prévue au départ, et peut-être devra être corrigé à plusieurs reprises, en raison de nouvelles informations apprises ou révélées. Ces fluctuations peuvent entraîner de très petites adaptations, voire un changement radical de direction, selon les données découvertes, et par conséquent la nouvelle orientation montrera un diversification de vos attentes.

Comme résultat

Comme pour toutes les cartes influencées par la Lune, Découverte ne montre pas une issue claire ou favorable, mais plutôt qu'il vous manquait certains éléments. En tant que tel, la carte ne prédit pas un succès total, mais indiquera une cible mouvante au fur et à mesure que de plus en plus d'informations seront divulguées, et ces éléments influenceront le résultat final.

15 - L'eau

"Corps liquide, contenant en solution ou en suspension toutes sortes d'autres corps (sels, gaz, micro-organismes, etc.), très répandu à la surface terrestre (eau de pluie, eau de mer, eau du robinet, etc.).
La pluie, La mer, les rivières, les lacs, etc."

Mots-clés: sautes d'humeur, émotions, voyage, intuition, angoisses.

Un bateau navigue sur une mer agitée, on voit de fortes vagues partout. Au sommet du mât, on peut voir un drapeau aux couleurs françaises, rappelant les origines de l'oracle.

L'idée d'un bateau en mouvement exprime bien entendu d'abord une notion de voyage. Mais avec la mer agitée dans laquelle il se trouve, on peut s'attendre à ce que le voyage soit difficile, éventuellement avec des difficultés pour garder le cap, et même des incertitudes sur la manière d'atteindre sa destination.

Mais comme le bateau continue d'avancer, il y a

suffisamment de raisons pour croire qu'il arrivera là où il doit se rendre à un moment donné dans le futur.

L'eau est un élément extrêmement important, car sans elle, la vie sur Terre serait impossible. Symboliquement, l'eau a également toujours été associée à nos sentiments et émotions, créant une forte corrélation entre cette carte et sa planète, la Lune. En conséquence, le voyage représenté sur la carte peut bien sûr être symbolique, montrant comment nos émotions et nos sautes d'humeur peuvent influencer la manière dont nous avançons vers nos objectifs.

Comme atout

Vos ressentis jouent en votre faveur et vous donnent un avantage pour gérer la situation dans laquelle vous vous trouvez. Il est important de mettre en avant votre sensibilité, vos émotions et votre intuition dans vos décisions.

Aussi, même si vous vous retrouvez dans un climat défavorable, où les éléments jouent contre vous, vous n'hésitez pas à continuer à avancer vers votre but.

Comme problème

L'eau témoigne d'une difficulté de votre part à maîtriser vos émotions, il existe un composant émotionnel puissant qui nuit à vos chances d'atteindre vos objectifs. En conséquence, vous manquez de clarté et vos humeurs affectent négativement la façon dont vous traitez les autres. À cause de votre émotivité, vous pouvez vous attendre à bien des détours et des retards dans vos projets.

Comme conseil

L'eau conseille d'être prudent dans la façon dont vous gérez vos émotions, mais il serait quand même préférable d'agir comme ce bateau, de mettre le cap vers votre destination, quoi qu'il arrive autour de vous. Même si l'eau est agitée, le bateau avance toujours vers le port qu'il cherche à atteindre, vous conseillant de faire de même, vous devez démarrer ou poursuivre vos projets, quoi qu'il arrive.

Comme évolution

Les progrès sont lents, vous avancez lentement mais sûrement vers votre objectif. De par la nature symbolique de l'eau et la mer agitée autour du bateau, on peut s'attendre à des retards et des difficultés pour maintenir une direction ferme. En guise d'avertissement, vous devez prévoir suffisamment de temps pour les retards et pour gérer les aspects émotionnels de votre situation.

Comme résultat

L'Eau, avec l'influence de la Lune, est une carte qui symbolise l'incertitude, les fluctuations émotionnelles et l'anxiété, et par conséquent, la mer agitée peut représenter des difficultés pour avancer. Lorsque vous rencontrez l'Eau, ne vous attendez pas à une résolution facile de vos problèmes, mais plutôt à un travail en cours, entouré d'un climat émotionnel très chargé. En conséquence, certains efforts sont encore nécessaires pour parvenir à un résultat définitif.

16 Les Pénates

"Divinités romaines protectrices de la maison. (Leurs statuettes figuraient dans le laraire.)
Familier: Pays, domicile, foyer."

Mots-clés: maison, sécurité, bâtiment, abri, lieu sûr, famille.

À l'époque romaine, les pénates étaient des dieux domestiques qui protégeaient leur demeure. Ils étaient associés à plusieurs divinités associées à la maison et étaient invoqués dans des rituels domestiques, par exemple lors des repas de famille. Chaque maison avait un sanctuaire avec leurs images. Ils étaient également vénérés en privé comme protecteurs des ménages et publiquement comme protecteurs de l'Empire Romain.

Sur la carte, on retrouve une tour, une construction qui semble robuste, une bonne protection pour ce qui se trouve à l'intérieur. À ce titre, la carte peut représenter un refuge, un lieu où l'on peut se protéger et prospérer en sécurité. Elle représente également un endroit où l'on se sent à l'abri des éléments extérieurs.

Comme atout

Vous agissez à partir d'un lieu sûr et d'un environnement familier, où vous pouvez travailler en toute sécurité sur ce que votre situation nécessite pour avancer. Bien entendu, ce travail relève davantage d'un style préparatoire que d'une action réelle, quelque chose que vous faites sans le montrer en dehors de votre environnement proche. Tout cela peut vous aider à être en position de force quand ce à quoi vous faites face nécessitera une certaine action.

Comme problème

Se sentir trop en sécurité peut devenir problématique, car cette stabilité peut vous donner le sentiment que rien ne peut vous faire de mal. En effet, se sentir trop à l'aise dans son environnement peut être responsable pour le fait que vous avez tendance à ne pas agir face aux problèmes qui vous concernent.

Une trop grande familiarité avec votre environnement ou avec les gens qui vous entourent ne vous encourage pas du tout à prendre des risques et à essayer de nouvelles choses. De ce fait, vous restez trop statique et n'agissez pas assez rapidement en cas de besoin.

Comme conseil

Les Pénates vous encouragent à ralentir, à trouver un endroit paisible où vous vous sentez en sécurité et à prendre le temps d'examiner tranquillement vos problèmes, au lieu de réagir de manière plus énergique. Prenez donc du recul et comptez sur votre environnement proche ou votre famille pour vous aider à trouver des solutions. Rien ne vaut le sentiment d'être «chez soi» face à certains choix.

Comme évolution

On ne peut pas s'attendre à une évolution rapide avec Les Pénates, mais plutôt à une situation marquée par un sentiment de tranquillité, de routine, de sécurité dans la façon dont tout avance. Vous pouvez vous attendre à un développement lent, avec peu d'énergie nécessaire pour avancer.

Comme résultat

Les Pénates peuvent être de bon augure ou non selon ce à quoi vous vous attendez. Si les actions que vous entreprenez nécessitent un résultat calme et stable, vous serez satisfait du résultat. Mais si vous attendez un résultat qui nécessite du mouvement ou une situation qui doit évoluer beaucoup, vous serez déçu.

En effet, les murs offrent un environnement familier et protecteur, mais où il n'y a pas beaucoup d'activité. Vous pouvez vous attendre à vous retrouver dans une période favorable pour développer de nouvelles idées et de nouvelles solutions, dans un environnement sûr et tranquille. Prenez votre temps, n'entreprenez rien à la hâte, votre situation se solidifie dans un environnement sécuritaire.

17 - Maladie

"Altération de la santé, des fonctions des êtres vivants (animaux et végétaux), en particulier quand la cause est connue (par opposition à syndrome).
Altération, dégradation de quelque chose.
Comportement excessif, anormal, obsessionnel."

Mots-clés: dysfonctionnement, inconvénient, trouble, déséquilibre, mécontentement.

Deux animaux sont dessinés sur la carte, ils ressemblent à un vautour et à un crapaud.

Les crapauds sont traditionnellement associés à des symboles négatifs. Ils sont généralement considérés comme des créatures démoniaques, souvent magiques mais aussi maléfiques, et en tant que telles, peuvent représenter une maladie ou toute chose devenue malsaine.

Les vautours, quant à eux, symbolisent dans de nombreuses civilisations des qualités telles que la patience, la mort, la renaissance et la protection. Ces oiseaux sont surtout connus pour voler haut dans le ciel, attendant qu'un animal meure pour pouvoir manger leur carcasse.

Sur la carte, on voit le vautour, ailes déployées, se poser sur un crapaud. Lorsque cela se produit, nous savons que l'oiseau va se régaler de sa victime. Par analogie, nous pouvons voir cet acte similaire à une intervention positive où l'oiseau enlève ce qui est symboliquement malade ou mort, nous permettant de trouver un soulagement.

Maladie annonce des obstacles et des difficultés, face à quelque chose de malsain qui nous entoure, mais rien que le consultant ne soit incapable de gérer.

Comme atout

Maladie montre la capacité de détecter ce qui ne va pas, ce qui ne fonctionne pas ou ce qui est déséquilibré dans la situation dans laquelle vous êtes impliqué. De ce fait, cela vous permet d'agir et de supprimer ou minimiser les aspects négatifs qui vous entourent.

Comme problème

Vous vous retrouvez dans une situation défaillante où règne un manque de stabilité dû à un climat malsain. Cet environnement vous affecte au point de vous empêcher d'avancer comme vous le souhaiteriez et d'atteindre votre objectif. Résoudre vos problèmes devient difficile, cette situation maladive met votre moral à rude épreuve, puisque vous n'arrivez pas à éliminer ce qui ne fonctionne pas correctement.

Comme conseil

Tout d'abord, vous devez rechercher les aspects de votre situation qui ne fonctionnent pas correctement, tous ces domaines dans lesquels vous constatez des dysfonctionnements, quelque chose de malsain ou mort, dans le sens de peu utile ou ne travaillant plus du tout en votre faveur. Laissez simplement tous ces aspects remonter à la surface, afin de mieux observer les défis auxquels vous êtes confrontés, pour pouvoir apporter des remèdes pour les résoudre, même si cela provoque un certain inconfort.

Comme évolution

Comme Maladie est liée, entre autres, à des domaines dysfonctionnels et à l'insalubrité, vos projets ne vont pas évoluer facilement et de manière simple. Ils seront criblés de problèmes, de situations difficiles dont vous devrez vous occuper. Le danger de se retrouver dans une situation malsaine devient élevé et il peut devenir difficile de s'en sortir.

Comme résultat

Le type de dysfonctionnement évoqué par Maladie, associé à l'influence de la Lune, n'augure rien de bon pour le résultat souhaité. Comme son nom l'indique, la situation dans laquelle vous vous trouvez est «malade», et par conséquent il reste encore beaucoup à faire avant de pouvoir trouver un remède à ce qui se passe. Cela peut se manifester parfois par des défis et des inconvénients auxquels vous devrez faire face, mais le plus souvent par quelque chose de plus gênant.

Mercure

Mercure est la planète la plus proche du Soleil et la plus petite du système solaire. Étant si proche, le Soleil apparaît presque 3,5 fois plus gros que sur la surface de la Terre.

Dans la mythologie, Mercure est la version romaine du dieu grec Hermès, qui était le dieu créant un lien entre le ciel, l'Olympe et les vivants à l'aide de ses souliers ailés. Il était le dieu des traducteurs et des interprètes. Étant le plus intelligent de tous les dieux, il servait de messager à tous les autres. Il tient également dans sa main le caducée, cette baguette caractéristique autour de laquelle s'entrelacent deux serpents. It est devenu aujourd'hui un symbole des médecins et des pharmacies.

La planète a une révolution très courte autour du Soleil, 88 jours terrestres, un phénomène qui peut expliquer pourquoi en astrologie Mercure est si souvent rétrograde. Mercure possède, en astrologie, des attributs similaires à ceux que l'on retrouve dans la mythologie: avant tout, la communication, l'intellect et la conscience. Mercure concerne également les petits voyages et les transports en général.

A ce titre, Mercure est devenue synonyme de communication et protection des voyageurs, et régit nos échanges et notre intellect.

Nous pouvons voir ces attributs représentés par le dynamisme dans Changement (18), l'abondance dans Argent (19), l'esprit dans Intelligence (20), les voleurs dans Vol-Perte (21), le commerce dans Entreprises (22), les voyages dans Trafic (23)., et communications dans Nouvelle (24).

18 - Changement

"Action, fait de changer, de modifier quelque chose, passage d'un état à un autre
Fait d'être modifié, changé ; modification, transformation.
Modification profonde, rupture de rythme ; tout ce qui rompt les habitudes, bouleverse l'ordre établi ."

Mots-clés: modification, transformation, évolution, mutation.

La carte montre trois corps astronomiques, dans l'ordre la Terre, la Lune et le Soleil. Comme tous les trois sont alignées sur le même axe, avec la Lune entre la Terre et le Soleil, on peut voir une éclipse solaire.

Dans les temps anciens, une éclipse solaire, dans la mesure où elle indique la dissimulation de la lumière, était universellement considérée comme quelque chose de dramatique, un mauvais présage annonçant un désastre. En même temps, une éclipse a toujours été associée à des changements, la plupart du temps importants, et souvent plus difficiles ou catastrophiques.

On sait aujourd'hui que les planètes du système solaire et au-delà ont un mouvement régulier et naturel, bien défini par les lois de l'astronomie. De ce fait, nous sommes maintenant conscients qu'une éclipse est un phénomène naturel qui se produit assez souvent et avec régularité. C'est pourquoi nous devons atténuer considérablement l'idée selon laquelle les changements pourraient devenir catastrophiques.

Changement représente des modifications, des transformations ou une évolution de nos projets, tout ce qui est une modification de nos expériences. Le changement en lui-même peut être bon ou mauvais, les circonstances qui l'entourent indiqueront dans quelle direction ces changements évoluent. Bien entendu, étant influencée par la Lune, cette carte évoque toujours une notion d'incertitude.

Comme atout

Vous êtes flexible et vous vous adaptez facilement à toute situation au fur et à mesure de son évolution. Cela vous permet d'apporter les changements requis afin de résoudre vos problèmes de façon bénéfique pour vous. Être agile est l'une des qualités qui vous permet d'avancer.

Comme problème

Changement peut se manifester dans deux directions opposées, soit une grande polyvalence, soit un manque d'adaptabilité. Bien entendu, le contexte déterminera laquelle de ces deux possibilités se présente dans votre situation.

Une grande polyvalence se manifestera par votre incapacité à prendre une position, ou à décider d'une orientation pour la marche à suivre de vos projets. Vous avez tendance à faire volte-face et, en conséquence, des fluctuations constantes dans vos stratégies vont retarder le résultat et devenir problématiques.

Un manque d'adaptabilité se manifestera par des difficultés que vous rencontrerez à vous adapter à votre situation et à modifier votre stratégie en fonction des circonstances.

Comme conseil

Changement évoque un besoin d'évoluer, et cela nécessitera certaines adaptations dans la façon dont vous allez de l'avant. Vous devez penser différemment, agir autrement, ou changer de stratégie, en fonction des circonstances qui vous entourent.

Comme évolution

Evidemment, cette carte est annonciatrice de mouvement et de réorganisation. À l'avenir, votre situation évoluera, peut-être même radicalement. Il y aura une évolution significative, vous emmenant dans une direction différente de celle à laquelle vous vous attendiez au départ.

Comme résultat

Cette carte indique que vos projets sont toujours en mouvement, vous mettant dans une position différente de celle dans laquelle vous avez commencé. Comme votre situation n'a pas atteint une position stable, un certain niveau d'adaptation reste nécessaire. Ce n'est pas spécialement mauvais, pensez par exemple à une situation qui a était bloquée. Dans ce cas, Changement pourrait montrer que ce qui bloquait a diminué ou disparu.

19 - Argent

" Toute monnaie métallique ou tout papier-monnaie accepté comme numéraire
Ensemble du numéraire, des valeurs, des biens ; fortune."

Mots-clés: abondance, enrichissement, opulence, richesse, réussite financière.

Sur la carte, on trouve une corne d'abondance, la bouche vers le bas, remplie de pièces de monnaie que l'on voit déborder de la corne. L'expression «corne d'abondance» est dérivée de deux mots latins: «cornu» signifiant «corne» et «copia» signifiant «abondance». C'est certainement pour cela qu'on l'appelle aujourd'hui corne d'abondance.

L'origine peut être attribuée à la mythologie romaine et grecque, où l'ornement, en forme de corne de chèvre, était fréquemment vu porté par les dieux et les déesses.

La corne d'abondance était un symbole de fécondité et de bonheur. Traditionnellement, elle était représentée la bouche vers le haut, et était l'emblème de nombreuses divinités. Au fil du temps, elle est devenue un attribut de générosité, de prospérité et de bonne fortune.Sur la carte, la corne d'abondance déversant des pièces symbolise l'abondance de l'argent, la prospérité et évoque toutes les possibilités associées à l'argent et la richesse. En tant que telle, la carte est de bon augure pour un gain financier ou pour toutes les questions matérielles.

Argent met l'accent sur l'aspect matériel au détriment du côté spirituel. Mais si l'on s'en tient à l'aspect matériel, la richesse décrite peut s'étendre à l'abondance dans n'importe quel domaine.

Comme atout

L'abondance peut bien sûr se manifester de bien des manières différentes et dans de nombreux domaines, mais Argent est une excellente carte à trouver comme atout, car elle montrera que vous disposez des ressources ou du soutien financier ou matériel nécessaire pour progresser vers vos objectifs.

Comme problème

Vous pourriez vous retrouver en difficulté financière ou manquer des ressources nécessaires pour atteindre vos objectifs. Il est bien sûr facile d'étendre le contexte de l'argent à l'abondance, démontrant par conséquent que vous n'avez pas accès à suffisamment de moyens pour résoudre vos problèmes, quel que soit le domaine.

Comme conseil

Il serait utile que vous examiniez attentivement les aspects financiers et matériels liés à votre question. Avez-vous suffisamment de richesse ou de moyens pour avancer? Comment pouvez-vous organiser vos ressources le plus efficacement possible pour vous aider à résoudre les problèmes que vous rencontrez sur votre chemin?

Comme évolution

Argent met en avant toutes les évolutions financières et matérielles qui peuvent arriver avec vos projets. Mais au-delà de tout cela, la carte évoque avant tout la notion d'abondance. En tant que tel, vous voyez une évolution montrant une réussite matérielle, beaucoup de nouvelles choses ou d'avantages qui vous sont offerts.

Comme résultat

Les projets dans lesquels vous êtes impliqué progressent bien et apportent une certaine forme de prospérité, qui selon le domaine, peut être financière, matérielle ou simplement toute sorte d'abondance dont votre projet a besoin.

20 - Intelligence

"Ensemble des fonctions mentales ayant pour objet la connaissance conceptuelle et rationnelle.
Aptitude d'un être humain à s'adapter à une situation, à choisir des moyens d'action en fonction des circonstances.
Capacité de saisir une chose par la pensée."

Mots-clés: compréhension, connaissance, découverte, adaptabilité.

Un gros livre est ouvert, éclairé par un chandelier à sept branches. Le livre a toujours été synonyme de connaissance, le papier étant le support sur lequel s'enregistrait toute notre compréhension dans les différentes sciences.

Le candélabre est généralement appelé ménorah et est utilisé dans le culte juif. Au Moyen Âge, il était généralement associé au divin, car il possède sept branches symbolisant les sept planètes connues à cette époque. Les bougies brûlent et éclairent certaines pages du livre, signe que l'on essaie d'éclairer quelque chose.

L'intelligence, telle qu'exprimée dans les définitions, est ce qui nous permet de comprendre notre environnement et de réfléchir aux directions ou actions possibles que nous pouvons prendre, ou à la manière dont notre esprit peut nous aider à faire face à nos problèmes ou au moins essayer d'y trouver des solutions.

En tant que telle, cette carte représente davantage notre compréhension d'une situation ou nos qualités intellectuelles plutôt que toute action physique.

Comme atout

Comme exprimé ci-dessus, l'Intelligence ne concerne aucune activité physique, les actions représentées par Intelligence sont 100% mentales. Cela signifie que vous utilisez vos connaissances et votre créativité à votre avantage, vous permettant ainsi de trouver des solutions aux problèmes auxquels vous êtes confrontés.

Comme problème

La carte pourrait bien sûr mentionner que vos facultés intellectuelles sont limitées face à vos problèmes, mais bien plus probable est le fait que vous n'utilisez pas efficacement vos facultés mentales. Cela peut se traduire par un manque de créativité face à un problème potentiel, ou simplement par une concentration sur les mauvais côtés de ce sur quoi vous vous interrogez.

Comme conseil

Vous devriez prendre du recul par rapport à vos actions et prendre le temps de réfléchir à la manière de gérer votre situation. Parfois, la meilleure chose à faire face à un problème est de prendre un peu de temps pour pouvoir réfléchir aux possibilités ou aux ressources qui pourraient être utilisées pour avancer.

Il se pourrait également que vous devez acquérir davantage de compétences intellectuelles, car vous n'avez pas les connaissances nécessaires pour faire face à votre situation. Réfléchir judicieusement avant d'agir serait la devise ici.

Comme évolution

L'orientation que prennent vos projets vous permet d'avoir une idée plus claire de ce qui se passe et d'appliquer efficacement vos connaissances à votre situation. C'est une période où l'ouverture d'esprit et le bon sens sur ce qui peut être fait sont plus importants que toute autre chose.

Comme résultat

Intelligence ne prédit pas un résultat positif ou négatif. En tant que carte 100% mentale, elle indiquera que vous comprenez bien mieux la situation à laquelle vous faites face, vous permettant ainsi de mieux vous adapter à votre environnement.

21 - Vol-Perte

"Vol: Action de soustraire frauduleusement un bien meuble à un tiers.
Perte: Fait d'être privé de quelque chose qu'on possédait."

Mots-clés: peur, perte, souci matériel, abus de confiance, négligence, perte de temps ou de ressources.

Une chauve-souris, les ailes déployées, s'empare d'un rat et s'envole avec. Ce sont deux animaux donnant généralement une impression peu attirante, voire repoussante pour beaucoup d'entre nous.

La chauve-souris a toujours semblé étrange par son aspect bâtard, ressemblant à une souris, mais possédant des ailes et étant capable de voler. Dans de nombreuses cultures occidentales, la chauve-souris était considérée comme une bête impure et est devenue un symbole d'idolâtrie et de peur. La culture populaire, du fait qu'elles soient actives la nuit, les ont fait ressembler à des créatures suceuses de sang et les ont associées à des mythes tels que les vampires. Une triste représentation d'un animal très utile, inoffensif et se nourrissant d'insectes.

Le rat n'a pas une meilleure réputation. Souvent considérés comme impurs et porteurs de maladies, on les retrouve généralement à proximité des égouts, des poubelles ou d'autres endroits peu accueillants. On leur reproche de propager des maladies, notamment la peste bubonique qui ravagea l'Europe au XIVe siècle.

Vol-Perte est donc représenté par deux animaux ayant une réputation peu respectable, et présente un double aspect lié à cette carte. Avant tout, cela peut montrer de nombreuses difficultés, par exemple un vol réel, des désaccords matériels ou quelqu'un qui vous suce littéralement votre énergie ou vos ressources.

Parfois aussi, la carte peut montrer que nous sommes nos propres victimes, et dans cet aspect, la carte exprimera des choses que nous perdons, qui peuvent être matérielles ou plus subtiles comme perdre du temps ou des ressources dans nos efforts.

Comme atout

Certaines cartes, comme celle-ci notamment, présentent très peu d'atout ou d'aspect positif. Le mieux que l'on puisse espérer est que le vol ou la perte soient limités, ou éventuellement que vous n'ayez pas peur d'engager votre temps ou vos ressources d'une manière qui ne vous est pas rentable.

Comme problème

Vol-Perte peut se manifester de diverses manières, révélant d'abord des difficultés matérielles ou financières liées à vos projets. Il peut s'agir de perdre votre temps ou vos ressources sur ce sur quoi vous travaillez, ou de quelque chose de plus néfaste, comme être victime d'un véritable vol. Les conséquences de cette carte peuvent en effet être désastreuses, par exemple des personnes vous volant des moyens financiers, matériels ou une certaine propriété intellectuelle.

Comme conseil

Le conseil n'est bien sûr pas de voler ou perdre quelque chose, mais plutôt d'être à l'affût de tels événements. Vous devriez faire attention aux personnes avec qui vous vous associez et en qui vous avez confiance, car elles pourraient vouloir obtenir quelque chose que vous possédez.

Mais aussi, il faudrait regarder comment vous gérez vos ressources sur le plan matériel ou financier, ou encore comment vous gérez votre temps.

Comme évolution

Vos projets ne progressent pas de manière gratifiante ou rentable. Cela peut se traduire par une perte de temps ou d'énergie, ou plus généralement par une diminution de vos ressources.

Bien sûr, le vol peut aussi être un vol littéral, et vous pourriez vous retrouver entouré de personnes peu fiables, nuisant à l'avancement de vos projets.

Comme résultat

Bien évidemment, quelqu'un vous a peut-être volé une récompense et a été reconnu pour ses réalisations à votre place. Mais plus que probablement, la réduction ou la perte que vous constatez est due à vos propres actions. Cela peut se manifester par une perte de temps ou par une énergie et des ressources dans lesquelles vous avez investi qui ne deviennent pas rentables. En conséquence, vous n'obtenez pas ce que vous attendiez et vous avez l'impression que quelque chose vous a été pris.

22 - Entreprises

"Action d'entreprendre quelque chose, de commencer une action ; ce que l'on entreprend.
Action par laquelle on essaie de porter atteinte à quelque chose ou à quelqu'un."

Mots-clés: entreprendre, planifier, compétences, conception, outils.

La carte montre un parchemin sur lequel est dessiné un plan. Plusieurs outils sont également présents: un marteau derrière le parchemin, et devant celui-ci un compas et une équerre de charpentier.

Ces outils font référence tout d'abord au compagnonnage, car il était d'usage pour tous les artisans français de parfaire leur formation en parcourant la France, et en faisant leur apprentissage avant de devenir maîtres de leur art.

Le compas et l'équerre font également référence à la franc-maçonnerie qui, à la fin du XIVe siècle, a commencé à réglementer la qualification des tailleurs de pierre et leur interaction avec les autorités et leurs clients. La franc-maçonnerie et le compagnonnage mettent bien sûr en avant les compétences associées à Entreprises, puisqu'il s'agit de maîtres et d'artisans.

La carte évoque tous les projets, initiatives, et ce que l'on souhaite entreprendre en général, puisque le plan sur le parchemin étant une représentation graphique de ce que l'on souhaite construire. A ce titre, Entreprises représente notre projet dans ses dernières étapes avant sa réalisation, ce que nous nous sommes engagés à faire.

Un aspect souvent négligé avec cette carte concerne les règles et réglementations associées à ce que nous voulons entreprendre.

Comme atout

Entreprises met en avant les qualités nécessaires à la réalisation de nos projets, comme avoir les compétences et les outils nécessaires pour avancer avec ce que nous envisageons de réaliser. Cela nécessite bien sûr de pouvoir structurer nos idées, et d'avoir les autorisations et le pouvoir d'organiser ce qui est nécessaire autour de nous.

Comme problème

Vous pourriez manquer de compétences ou d'idées sur la manière de poursuivre vos projets, ce qui entraînerait des difficultés à concevoir ou à démarrer ce que vous essayez d'accomplir. Vous pourriez également manquer d'organisation, d'autorisations ou de toute autre ressource nécessaire pour commencer.

Comme conseil

C'est certainement le bon moment pour devenir plus

actif et passer à l'étape suivante de ce que vous envisagez de faire. En effet, vous semblez avoir les capacités mentales, les besoins matériels et les compétences organisationnelles nécessaires pour réussir. Tous ces éléments associés offrent une bonne opportunité de démarrer de nouveaux projets ou d'améliorer ceux qui sont démarrés. Pour ce faire, il vous suffit d'utiliser vos capacités à structurer vos pensées et suivre un plan bien conçu.

Comme évolution

Vos projets sont bien préparés et vous prenez les mesures nécessaires pour passer à la phase suivante, leur permettant d'évoluer d'une planification ou d'une phase initiale à une réalisation plus concrète. Vous pouvez certainement compter sur vos compétences, votre planification et votre organisation pour avancer dans ce que vous souhaitez entreprendre.

Comme résultat

Entreprises ne montre pas une réalisation complète de vos projets, mais plutôt qu'ils évoluent et deviennent plus concrets. C'est certainement le résultat de votre planification, de vos idées et de vos actions. En conséquence, ce qui vous préoccupe évolue vers une issue satisfaisante, et deviendra à un moment donné réalité, à moins que quelque chose de vraiment inattendu ne se produise.

23 - Trafic

"Ensemble des transports de marchandises ou de voyageurs, ou des circulations de véhicules ou de bâtiments, qui s'effectuent, pendant une durée définie (jour, mois, année), sur une voie de communication ou sur l'ensemble des voies d'un territoire."

Mots clés: voyages, échanges, négociation, rencontres, ventes et achats.

Deux serpents s'entrelacent autour d'un bâton vertical, surmonté d'un casque orné d'une paire d'ailes.

Les deux serpents entrelacés autour d'un bâton sont la représentation d'un caducée. Dans la mythologie grecque, le caducée était le bâton porté par Hermès Trismégiste. Comme nous l'avons déjà vu, Hermès est la version grecque du dieu romain Mercure, qui régnait sur le commerce et, par extension, sur les échanges et les communications.

Le casque ailé nous rappelle les chaussures ailées de Mercure. Un casque est bien entendu un objet protégeant notre tête, et à ce titre est fréquemment perçu comme un symbole d'invulnérabilité au cours de la vie. Les ailes, en plus de représenter la capacité de voler, peuvent être considérées comme un symbole de liberté et de spiritualité.

Trafic décrit tout type de trafic que vous pourriez rencontrer. Il peut s'agir d'affaires, d'échange de marchandises, de voyages, de conversations, etc... En même temps, le casque et les ailes ajouteront une notion de protection et de vitesse dans ce que nous échangeons.

Comme atout

Trafic met en évidence notre dynamisme et notre adaptabilité, par exemple la façon dont nous utilisons ces qualités à notre avantage face à n'importe quelle situation dans laquelle nous nous trouvons. Cela peut être vu par exemple comme la façon dont nous pouvons nous adapter aux éléments qui nous entourent, comment nous communiquons, comment nous pouvons changer notre attitude ou notre position lorsque cela est jugé nécessaire.

Comme problème

Trafic montre un ralentissement et un manque de flexibilité face aux changements qui surviennent autour de notre situation. Cela peut se manifester par notre incapacité à nous ajuster à ce qui se passe, ou par notre inflexibilité face aux changements. Tout échange avec autrui est ralenti ou arrêté.

Comme conseil

La carte vous demande de commencer à agir et de ne pas avoir peur de tous les changements qui pourraient en résulter. Essayez de modifier votre comportement au lieu de garder une attitude inébranlable, il est très important de rester agile. Comme votre situation évolue constamment, vous devez être prêt à corriger souvent votre position et vos opinions.

Comme évolution

Vous pouvez vous attendre à une évolution marquée par des mouvements, des changements, des événements nouveaux, et nécessitant une bonne communication avec les autres afin de se synchroniser avec eux. Vos projets pourraient ne pas évoluer comme vous l'espériez, car vous vous trouvez dans un type d'évolution où vous devez constamment vous accorder aux circonstances qui vous entourent, votre flexibilité devient un élément clé.

Comme résultat

Trafic témoigne avant tout d'une situation qui n'est pas définitive, mais encore évolutive. La carte concerne davantage le mouvement, les changements, les communications et, en conséquence, ne vous attendez pas à un résultat définitif.

Bien sûr, si votre question portait sur quelque chose qui devrait aller de l'avant ou nécessiter des changements, Traffic devient un bon présage qu'une certaine évolution se produira.

24 - Nouvelle

"Renseignements d'ordre privé donnés sur quelqu'un, sur une famille que l'on connaît.
Informations sur les événements du monde diffusées par les médias."

Mots-clés: message, courriel, surprise, visite, changements, événements inattendus.

La carte montre une étoile filante et en dessous, un oiseau transportant une enveloppe.

Les étoiles filantes ont toujours été associées à la chance et aux événements heureux. Comme le veut la tradition, lorsqu'une étoile filante apparaît, c'est le bon moment pour faire un vœu. Les étoiles filantes sont aussi un signe du destin ou d'une intervention divine, et à ce titre elles rappellent que Nouvelle est une carte influencée par Mercure, le dieu ailé qui est un messager.

Avant les systèmes de communication modernes, les pigeons étaient souvent utilisés pour transmettre des messages sur une certaine distance, car ils peuvent voyager rapidement et en toute sécurité dans le ciel.

Avec Trafic (23), ces deux cartes représentent bien l'influence de la planète Mercure, Trafic traitant surtout des interactions face à face, tandis que Nouvelle s'occupe davantage des communications et d'événements à distance.

Il n'est donc pas surprenant que cette carte concerne avant tout les nouvelles et les lettres que nous échangeons avec les autres. Et bien sûr, des représentations plus modernes d'une lettre pourraient être exprimées par des messages SMS, des courriels ou tout autre type de communication électronique.

L'autre aspect est l'actualité, comme celle rapportée par les médias, qui nous amènent souvent des événements inattendus sur le monde qui nous entoure. Cet aspect est également pertinent si l'on pense à la période à laquelle cet oracle a été conçu, car le seul moyen à l'époque de connaître le monde qui nous entourait était fourni par les médias écrits.

Comme atout

Communiquer avec les autres est votre point fort, vous êtes capable de transmettre vos idées de manière claire, ou de comprendre rapidement les informations que vous recevez. Être bien informé vous permet d'être suffisamment flexible pour vous adapter rapidement à tout nouvel événement impactant votre situation.

Comme problème

Vous avez des difficultés à communiquer avec les autres, et êtes incapable d'exprimer clairement votre point de vue ou de comprendre ce que les autres essaient de vous communiquer. En conséquence, vous manquez d'adaptabilité et de flexibilité face à des changements inattendus, ce qui peut vous nuire.

Comme conseil

Prenez le temps de mettre vos idées sur papier et de les partager avec les autres personnes impliquées, puisque avant tout c'est le concept principal de cette carte. De plus, lorsque vous recevez des nouvelles données concernant vos projets, vous devez les comparer à ce que vous connaissez déjà et mettre à jour votre attitude face aux nouveaux éléments.

Comme évolution

Les échanges avec les autres sont bons, une communication bien établie et continue permet de progresser. L'accent est également mis sur la nouveauté, les nouveaux événements dont vous prenez connaissance et qui donneront lieu à des opportunités à saisir.

Comme résultat

Comme c'est le cas pour la majorité des cartes influencées par Mercure, le succès n'est pas garanti avec Nouvelle. Ce à quoi nous pouvons nous attendre, c'est que la transmission d'informations avec d'autres soit réussie, vous mettant, de même que les autres parties impliquées, sur le même niveau. Cela vous permet de bien comprendre la situation dans laquelle vous vous trouvez et d'y faire face.

Vénus

Vénus est la seconde planète du système solaire. Avec un diamètre de 12,104 km et une masse d'environ 81,5% de celle de la Terre, Vénus est souvent comparée à sa voisine orbitale, notre planète. C'est le troisième objet le plus brillant du ciel, après le Soleil et la Lune.

Vénus étant tellement brillante dans le ciel, elle a toujours eu une importance spéciale dans l'histoire de la mythologie et de l'astrologie. Vénus doit son nom à la déesse romaine de l'amour, de la fertilité et même de la prostitution. La divinité était également connue par les anciens Grecs sous le nom de déesse Aphrodite.

Cependant, pour les Romains, Vénus représentait davantage et plus particulièrement la puissance impériale de Rome. Des temples étaient érigés en son honneur pour solliciter son aide dans les batailles.

En astrologie, Vénus est avant tout le plaisir, et surtout un plaisir partagé avec quelqu'un d'autre. Elle exprime des concepts similaires à ceux que l'on retrouve dans la mythologie, en premier lieu l'amour, la romance, l'harmonie dans nos relations. La beauté et les arts sont également des aspects liés à cette planète.

En conséquence, Vénus représente en premier l'amour, la beauté, l'esthétique, la grâce et le plaisir. En tant que déesse de l'amour et de la beauté, il est également logique que la planète soit considérée comme une représentation de la femme en général et de la féminité.

Par extension, Vénus a toujours représenté les arts, quelle que soit leur forme, et les artistes. Par exemple, nous pouvons voir une expression des arts et de la beauté dans la Vénus de Milo, souvent considérée comme représentant un idéal de beauté féminine.

Avec toutes ces qualités, Vénus peut s'exprimer dans Plaisirs (25) comme toutes sortes d'activités agréables, dans La Paix (26) comme harmonie et équilibre, dans Union (27) et Famille (28) comme amour et bien-être, dans Amor (29) comme amour et grâce, dans La Table (30) comme plaisir, et dans Passions (31) comme plaisir et beauté.

25 - Plaisirs

"État de contentement que crée chez quelqu'un la satisfaction d'une tendance, d'un besoin, d'un désir.
Ce qui plaît, divertit, procure à quelqu'un ce sentiment agréable de contentement."

Mots-clés: joie, contentement, félicité, amusement, plaisir artistique.

Au milieu de la carte se trouve une lyre, un instrument de musique qui était principalement utilisé dans l'Antiquité. La lyre est l'ancêtre de la harpe et accompagnait les muses, neuf divinités gréco-romaines qui inspirèrent toutes les formes d'art.

En conséquence, Plaisirs résonne bien avec ces activités, la satisfaction et tous les sentiments de bonheur que nous pouvons ressentir à travers nos cinq sens, ce que nous voyons, entendons, ressentons, goûtons et sentons. Les arts et la beauté sont certainement la plus grande partie de ce que cette carte peut signifier.

Plaisirs met également en avant des sentiments chaleureux tels que la joie et le divertissement. Cette carte exprime le besoin de s'amuser et d'être entouré d'activités joyeuses.

Plaisirs ressemble beaucoup à la carte Bonheur (45). La différence principale étant l'influence de la planète. Vénus donne une notion de satisfaction immédiate, de plaisir et de joie, tandis que Jupiter dans Bonheur est davantage à propos d'une question d'expansion, et par conséquent quelque chose de plus durable.

Comme atout

Vous vous trouvez dans de très bonnes dispositions pour travailler sur vos projets. En effet, des sentiments tels que l'optimisme, la joie et l'amusement régissent vos émotions, vous donnant un coup de pouce dans la façon dont vous percevez votre situation et comment la gérer.

Comme problème

Vous avez du mal à trouver de la joie ou de la satisfaction par rapport à ce que concerne la situation dans laquelle vous vous trouvez. Vous n'êtes probablement pas en mesure de vous épanouir et de profiter de ce qui se passe autour de vous. En conséquence, le problème n'est pas vraiment que vous ne pouvez pas faire quelque chose pour résoudre vos problèmes, mais plutôt que vous ne trouvez pas de plaisir et que votre contentement est fortement remis en question.

Comme conseil

Tout d'abord, trouvez du plaisir dans ce que vous faites. Votre attitude face à un problème ne doit pas nécessairement être sérieuse, vous seriez mieux servi en essayant de trouver les aspects positifs de ce à quoi vous faites face. Vous devez d'abord penser à vous, et tous vos choix doivent être faits dans le but de vous procurer de la satisfaction.

Comme évolution

Vos projets évoluent de manière agréable, vous procurant beaucoup de contentement. Tout avance correctement, l'accent est davantage mis sur la recherche d'une satisfaction personnelle, peut-être davantage sur le fait d'avancer lentement vers une conclusion si cette façon de procéder vous procure de la joie, plutôt qu'un mouvement en avant drastique mais moins agréable.

Comme résultat

Tout comme l'évolution de vos projets, le résultat ne laisse pas présager quelque chose de radical à venir. Il ne faut donc pas s'attendre à un énorme pas en avant dans la réalisation de vos objectifs. L'accent est davantage mis sur le fait de se sentir satisfait et heureux de ce que deviennent vos projets, même s'ils n'atteignent pas une résolution complète.

26 - La Paix

"État de concorde, d'accord entre les citoyens, les groupes sociaux; absence de luttes sociales, de troubles sociaux. Cessation de l'état de guerre entre deux ou plusieurs belligérants."

Mots-clés: réconciliation, accord, apaisement, tranquillité.

Une hache à double tranchant est entourée d'un faisceau de tiges de bois liées. À la base se trouve une couronne de lauriers. Les lauriers sont, comme nous l'avons vu précédemment avec Réussite (5), un symbole de victoire, d'honneur et de paix.

La hache représentée sur cette carte est un faisceau de licteur, symbole ayant son origine dans la civilisation étrusque. Dans la Rome antique, il symbolisait le pouvoir d'un dirigeant romain pour punir ses sujets. Il était tenu par un licteur, un officier assistant un consul ou un magistrat et exécutant les peines contre les contrevenants. Plus tard, il est devenu un symbole du pouvoir et de la juridiction d'un magistrat. Au cours de la première moitié du XXème siècle, le faisceau a été fortement identifié aux mouvements fascistes.

Si l'on regarde l'origine de l'oracle Belline, la France à l'époque du Mage Edmond, plus ou moins un demi-siècle après la Révolution française, le faisceau représentait un symbole montrant que le pouvoir appartenait au peuple. Il symbolise également l'unité et l'indivisibilité de la république, comme le stipule la constitution française.

La carte concerne une situation sereine, où un accord entre les parties semble avoir été trouvé. L'influence de Vénus ajoute un sentiment de sérénité et de bien-être, dans lequel les conflits peuvent être évités. La Paix peut également exprimer le fait qu'une situation stable et pacifique a été établie.

Bien entendu, rien n'indique comment cette atmosphère paisible est obtenue. Cela peut être dû à un accord entre les parties, au respect des lois et coutumes établies, ou la crainte d'une sanction.

Comme atout

Vous êtes capable de négocier de façon à pouvoir éviter un conflit et trouver un accord pour la situation dans laquelle vous êtes impliqué. Cela vous donne la possibilité d'agir sur les événements qui se déroulent devant vous et de trouver facilement un compromis. Vous mettez avant tout votre sens de la négociation en avant, car vous cherchez tout d'abord à trouver une harmonie et un accord avec les autres parties impliquées.

Comme problème

En fonction de votre question, nous pouvons voir cette carte évoquant deux possibilités différentes.

Il se peut que vous souhaitiez une résolution pacifique

alors qu'une action plus drastique est nécessaire, comme par exemple si vous restez passif et pacifique au lieu de vous battre pour ce que vous voulez.

Mais plus probablement, il y a un manque d'accord, les conflits et les disputes abondent avec les autres personnes impliquées, au point que vous ne parvenez pas à trouver un accord avec elles.

Comme conseil

La Paix invite, comme le dit l'expression, à enterrer la hache de guerre et à calmer le jeu. Au lieu d'une avancée difficile ou d'une défaite amère, mieux vaut rechercher un compromis, afin de pouvoir débloquer toute situation conflictuelle pour vous permettre d'avancer vers vos buts.

Comme évolution

Aucun désaccord, ni rien de particulièrement difficile ne semble émerger, permettant à vos projets d'évoluer dans une direction sereine. Votre situation reste calme, tout bouge sans trop de difficultés ni de disputes, une ambiance agréable et sereine règne.

Comme résultat

La Paix garantit un résultat agréable et paisible, mais cela ne signifie pas que vous trouverez satisfaction dans le résultat. Si, par exemple, votre question porte sur la victoire ou un avantage quelconque sur quelqu'un ou quelque chose, cette carte ne promet pas que vous l'obtiendrez. La Paix consiste plutôt à trouver un compromis ou un résultat qui sera acceptable par toutes les parties impliquées.

27 - Union

"Relation existant entre deux ou plusieurs choses, deux ou plusieurs personnes qui forment un ensemble.
Mariage, lien conjugal.
Action de réunir, de rassembler, d'associer des éléments jusqu'alors séparés."

Mots-clés: engagement, amour, mariage, promesse, disponibilité.

Un autel doré est décoré d'un ruban de perles et de fleurs. Au dessus, deux cœurs sont suspendus et entourés de flammes.

Les cœurs ont toujours été un symbole utilisé pour représenter nos émotions, notamment l'affection et l'amour. En effet, on retrouve souvent un cœur dans les dessins et les émoticônes représentant des sentiments amoureux, et deux cœurs battant ensemble représenteront deux partenaires amoureux. Les flammes entourant ces cœurs ajoutent une représentation symbolique de la passion ou de l'amour intense entre les partenaires.

Un autel a toujours été un lieu où l'on consacre des choses ou des événements, et bien sûr dans ce cas particulier, il sert à consacrer l'amour de ces deux cœurs battants.

Si l'on ajoute à ces éléments l'influence de la planète Vénus, Union représente d'abord l'amour, et plus directement notre engagement envers l'autre.

En conséquence, nous pouvons voir lorsque cette carte apparaît, deux personnes réunies et toutes autres sortes d'associations. Cela peut être le mariage, l'amour, l'amitié, les sentiments entre des personnes, ou encore tous les partenariats que nous établissons dans la vie, comme en affaires par exemple. Ce qui est important avec Union, c'est que la collaboration, quel qu'elle soit, devient officielle et publique.

Par extension, la carte peut aussi représenter toutes les situations où l'on réunit deux choses, publiquement.

Comme atout

Union montre que vous êtes capable de former facilement des associations bénéfiques avec d'autres personnes ayant des objectifs similaires si cela vous aide à atteindre vos objectifs plus facilement. De cette façon, les contacts avec les autres vous permettent de vous épanouir, démontrant comment un partenariat peut s'avérer favorable à la poursuite d'objectifs communs.

Comme problème

Les partenariats sont difficiles à établir, ou ceux qui sont établis ne sont pas fiables et difficiles à maintenir. Cela peut être dû à des difficultés de communication entre les parties, ou à des désaccords sur les objectifs communs ou sur la manière de les atteindre. Quelle que soit la raison, cela nuira à la possibilité d'atteindre vos objectifs.

Comme conseil

Avec Union, il devient important de trouver des personnes qui peuvent vous aider à atteindre vos objectifs. Vous souhaiterez peut-être même former une sorte d'association temporaire avec d'autres si cela s'avère être le meilleur moyen pour vous d'avancer.

Dans les situations amoureuses, Union vous conseillerait de déclarer votre flamme à l'autre et de montrer votre volonté de vous engager dans la prochaine étape de la relation, par exemple en formalisant la relation si elle ne l'est pas encore, ou encore en proposant un niveau d'engagement plus élevé, voire le mariage.

Comme évolution

Des rapprochements avec d'autres permettent aux deux parties d'avancer vers un objectif commun et, à ce titre, le partenariat évoque une direction favorable à la situation dans laquelle vous vous trouvez.

Bien entendu, si votre question porte sur une relation amoureuse, Union est extrêmement favorable pour la suite, car elle pourrait indiquer des liens plus sérieux entre les partenaires.

Comme résultat

Union apparaîtra principalement lorsqu'une situation particulière aboutira à un partenariat ou à une association avec d'autres. En affaires, il peut s'agir d'unir ses forces avec quelqu'un d'autre, ou de voir deux entreprises travaillant ensemble.

Union apparaît souvent dans des situations amoureuses

et laisse présager une issue très satisfaisante, où les sentiments prédominent, au point d'établir une certaine forme d'engagement entre les partenaires, comme par exemple une demande en mariage.

28 - Famille

"Ensemble formé par les parents (ou l'un des deux) et les enfants.
Ensemble des personnes unies par un lien de parenté ou
d'alliance.
Ensemble de choses ayant des caractères communs."

Mots-clés: famille, amitié proche, association de confiance, groupe, intérêts partagés.

Une poule s'occupe de ses cinq poussins. Telle une bonne mère, le volatile veille sur sa progéniture et la nourrit. Ce qui est remarquable dans l'image, c'est que la poule a ses ailes déployées au dessus de ses petits, signe de protection contre l'environnement qui les entoure.

De cette image assez simple, il est facile de déduire de quoi parle cette carte influencée par Vénus. Famille, par définition, désigne les personnes liées par le sang, mais par extension, nous pouvons considérer dans l'esprit de cette carte tout type de groupe ou d'association où les personnes ont un objectif ou intérêt commun.

Comme atout

Les relations en général sont importantes pour vous et nouer des liens avec les autres est facile. De ce fait, vous n'avez aucune difficulté à former un système de soutien ou des alliances autour de personnes qui vous font confiance et peuvent vous aider à atteindre vos objectifs. Dans cette optique, vous êtes un leader né qui peut organiser et diriger les gens.

Comme problème

Il pourrait y avoir deux types de problèmes différents avec cette carte.

Soit vous avez des difficultés à établir des associations ou des liens avec d'autres personnes, et vous vous retrouvez seul, sans aucun soutien pour tenter de résoudre vos problèmes.

Ou bien vos liens avec les autres sont trop étroits et personnels alors qu'il serait bénéfique d'agir seul, nuisant à vos chances d'avancer dans vos projets.

Quoi qu'il en soit, Famille montre qu'il existe un problème de partenariat avec les autres.

Comme conseil

Famille indique qu'il serait bénéfique pour vous de compter sur les autres et d'établir toute sorte de contact ou de relation avec eux. Il peut s'agir de personnes avec lesquelles vous êtes apparenté ou d'autres en qui vous avez confiance.

L'important est de trouver des personnes partageant les mêmes idées et de créer des liens avec elles, car la coopération permettra d'atteindre plus facilement certains objectifs communs.

Comme évolution

Famille laisse présager une évolution favorable de votre question si elle concerne les relations avec les autres, quelles qu'elles soient, amicales, professionnelles ou amoureuses. Des liens commencent à se nouer entre les différents partenaires et la confiance mutuelle devient prédominante. Obtenir le soutien des autres et pouvoir compter sur eux permet d'évoluer en douceur vers une belle résolution des problèmes.

Comme résultat

Un climat favorable a été créé pour le développement d'amitiés, de liens ou d'associations solides entre toutes les personnes impliquées dans votre situation. En conséquence, Famille est de bon augure si votre question concerne tout type de relation ou d'interaction humaine.

Dans d'autres cas, la carte vous indiquera que vous pouvez compter sur le soutien des autres, même si l'issue n'est pas favorable à 100%.

29 - Amor

"Dans la littérature médiévale, idéal amoureux défini par opposition à l'union du mariage et où la vénération de la dame conduit le chevalier à se dépasser pour sublimer son désir."

Mots-clés: amour, bonheur, sentiments, plaisir, relation.

Deux cœurs sont placés ensemble et entourés d'une guirlande de fleurs. En contrebas, une colombe, ailes déployées, semble prendre son envol.

La colombe est un symbole universel de paix, de spiritualité, d'espoir et d'amour. Au dessus des deux cœurs des flammes brûlent, représentant la passion qui les lie. La guirlande de fleurs ajoute une notion de bonheur et de beauté à cette image, une analogie avec l'amour épanoui.

C'est la seconde des cartes de la série associée à Vénus qui montre deux cœurs. Mais contrairement à la première, Union (27), ici les deux cœurs ne sont pas suspendus dans les flammes, les flammes sont beaucoup plus petites et situées au dessus.

Il y a une grande différence entre l'union, ou le mariage, et l'amour. Alors que le premier représente un partenariat, le second, avec ces deux cœurs, relève davantage une représentation des sentiments.

Dans cette carte, l'amour est aussi pur, comme le montre la colombe. Une autre grande différence avec la carte précédente, Union, est qu'elle représente un acte officiel et public, alors que l'amour exprimé avec Amor peut être public ou privé.

Amor, bien sûr, annonce une rencontre, de nouvelles relations entre deux personnes, de nouveaux sentiments amoureux qui grandissent. Et bien évidemment, si la question ne concerne pas la romance, la carte peut représenter un amour platonique, comme celui que nous aurions pour notre travail ou quelque chose d'autre qui est important dans notre vie.

Comme atout

Amor représente une situation dans laquelle les personnes impliquées se sentent chaleureuses et généreuses. Cette attitude vous donne la capacité et le charme nécessaires pour séduire les autres et les rallier à votre cause. Le lien que vous créez avec eux sera peut-être plus faible que celui représenté dans Union (27), mais les sentiments seront malgré tout forts et purs.

Comme problème

Il y a un manque d'affection ou d'amour à votre égard, et vous n'êtes pas apprécié à votre juste valeur, ce qui entrave vos chances d'atteindre vos objectifs. Les gens sont froids avec vous et ne reconnaissent pas votre valeur.

Si votre question concerne une relation amoureuse, aucun sentiment ne se développe entre vous, résultant probablement en une déception.

Comme conseil

Comme l'énergie principale de la carte concerne l'amour, vous devez utiliser votre charme à votre avantage. Alors, soyez charmant, aimant, généreux avec les autres, montrez que vous vous souciez d'eux. Essayez d'établir de bons contacts avec d'autres personnes qui peuvent vous aider à atteindre vos objectifs. Si la question porte sur une relation amoureuse, alors n'hésitez pas à montrer vos sentiments et à dire à l'autre que vous tenez à lui.

Comme évolution

Vous pouvez constater une évolution agréable dans vos projets, où le respect des autres personnes impliquées est mutuel. Si votre question concerne une relation, vous pouvez vous attendre à ce que les sentiments des uns envers les autres soient réciproques et grandissent.

Comme résultat

L'amour est partout et la carte prédit beaucoup de satisfaction, ce qui entraînera une augmentation positive de ce que vous ressentez. Vous pouvez vous attendre à une grande satisfaction pour vos projets, sans doute plus sur le plan spirituel que matériel.

Si vous êtes impliqué dans une relation, attendez-vous à ce que cet amour soit réciproque.

30 - La Table

" Meuble composé d'un plateau horizontal reposant sur un ou plusieurs pieds ou supports.
Groupe des personnes qui prennent leur repas ensemble à la même table.
Repas, nourriture servie ; qualité de cette nourriture "

Mots clés: convivialité, plaisir, divertissement, partage, fête.

Sur l'image on trouve une amphore et deux coupes. Une amphore est un pot grec ou romain antique à deux anses, généralement en céramique, qui était utilisée pour le stockage ou le transport de divers produits liquides et solides, principalement du vin, de l'huile, du lait ou des céréales.

Les coupes sont bien entendu faites pour contenir du liquide et pour boire. Symboliquement, elles sont souvent associés aux émotions et aux célébrations. Comme c'est souvent le cas, lever sa coupe à quelqu'un signifie célébrer cette personne.

Avec tous ces éléments et l'influence de Vénus, nous pouvons déduire que l'usage principal représenté par la carte est certainement de s'asseoir, d'offrir symboliquement une boisson et de faire la fête avec les autres.

Dans ce contexte, La Table fait référence aux repas et aux moments que nous partageons avec les autres, où nous avons la possibilité de partager non seulement une bonne boisson ou un bon repas, mais aussi des discussions et nos différentes expériences de vie.

A ce titre, La Table montrera ces moments où l'on partage la convivialité à plusieurs, les fêtes entre amis ou en famille. Par extension, la carte peut également indiquer des rencontres et des rassemblements, comme des réunions de travail ou des rencontres de groupe par exemple.

Comme atout

Vous comptez sur votre sens de l'hospitalité et de la convivialité pour établir le contact avec les autres. Ces qualités vous permettent de développer des relations et d'établir des liens solides avec les autres, ou encore d'exprimer facilement vos idées et de rassembler d'autres personnes afin de développer vos projets.

Comme problème

Votre manque de convivialité et vos difficultés à convaincre les autres rendent quasiment impossible l'établissement de contacts significatifs. Toute cette inertie et cette absence de soutien vous laissent seul face à vos problèmes et nuisent à vos chances de les résoudre.

Comme conseil

Vous devriez essayer de vous impliquer davantage auprès des autres. Invitez-les à prendre un verre ou simplement à vous asseoir avec eux et à discuter de vos problèmes. Souvent, une bonne conversation avec des amis ou des associés vous aidera à développer des pistes vous permettant d'avancer vers une résolution de vos conflits.

Comme évolution

En soi, La Table ne montre pas beaucoup d'avancée pour vos projets s'ils portent sur des actions plus concrètes que les relations avec les autres. Comme l'indique le symbolisme de la carte, l'évolution sera principalement marquée par le plaisir que vous ressentez dans votre situation et par la façon dont vous nouez de nouvelles amitiés et établissez des contacts importants.

Comme résultat

Tout comme pour l'évolution de votre situation, La Table, bien que ce soit toujours une possibilité, n'indique pas spécialement la réussite de vos projets. La carte met davantage en avant une attitude de partage avec les autres et de convivialité.

Ce qu'il est vraiment important de retenir, c'est que même si vos objectifs ne sont pas complètement atteints, le contentement obtenu par de nouvelles amitiés ou des nouveaux contacts est devenu plus important.

31 - Passions

*"État affectif intense et irraisonné qui domine quelqu'un.
Mouvement affectif très vif qui s'empare de quelqu'un en lui
faisant prendre parti violemment pour ou contre quelque chose,
quelqu'un.
Penchant vif et persistant."*

Mots-clés: ardeur, amour irrationnel, attirance, désir.

C'est la troisième carte de la série influencée par Vénus montrant deux cœurs. En bas de la carte on trouve un coq, et au-dessus de lui, deux cœurs, chacun avec une petite flamme sur le dessus, et percé d'une flèche.

Le coq est souvent présenté comme le maître de la basse-cour, souvent agressif. Sur l'image, la crête relevée, montré dans une expression d'hostilité, il semble contrôler ce qui l'entoure. En effet, les coqs sont très territoriaux et ne permettent pas à un autre de s'approcher.

Les deux cœurs transpercés nous rappellent Cupidon et son arc, l'amour et la passion peuvent nous frapper à tout moment et allumer cette flamme, symbole de notre comportement enflammé. Les flèches et les flammes pointent dans des directions différentes, montrant à quel point nos sentiments envers les autres sont parfois immatures et imprévisibles.

Contrairement aux deux cartes précédentes montrant deux cœurs, l'ambiance sur celle-ci est plus agitée. Les passions s'expriment souvent par des émotions très fortes, dominant même la plupart du temps notre raison.

De ce fait, en ajoutant à ces coeurs l'agressivité du coq, les sentiments exprimés dans cette carte sont très forts, témoignant de beaucoup de fougue. Passions évoque des émotions très intenses, beaucoup moins contrôlées que dans Union (27) ou Amor (29), quelque chose n'ayant encore atteint aucune forme de stabilité.

Les passions, bien sûr, peuvent aussi être liées à autre chose que les sentiments éprouvés pour quelqu'un d'autre, car nous pouvons être passionnés par de nombreuses activités ou passe-temps.

Comme atout

Avez-vous déjà vu quelqu'un parler de ses passions? Être passionné pour quelqu'un ou quelque chose donne généralement des ailes, vous permettant d'explorer et de créer ce dont vous avez besoin sans crainte ni retenue. Ces émotions fortes et ce désir de réussir vous amènent à une position où votre attitude vous permet de faire ce qui est nécessaire pour faire avancer votre cause.

Comme problème

Les passions, ainsi que les sentiments immatures qu'elles engendrent, peuvent compromettre vos objectifs. Vous êtes effectivement enclin à des désirs intenses mais égoïstes qui ne durent généralement pas, car votre passion pour ce que vous faites diminue rapidement. Le danger qui en résulte est que ce qui vous attire aujourd'hui ne durera pas assez longtemps pour accomplir ce que vous souhaitez réaliser. Cette immaturité, même si des sentiments intenses existent, est souvent responsable de disputes ou désaccords.

Comme conseil

Être passionné par quelqu'un ou par quelque chose vous donnera la force de vous faire confiance et d'agir de manière spontanée. En effet, vous vous retrouvez dans une situation très émotionnelle, et vous êtes capable d'en profiter là où vos sentiments vous mèneront. Dans cette optique, vous ne devez pas laisser votre raison dicter vos actions, vous pouvez faire confiance à votre instinct.

Comme évolution

Vos projets évoluent dans une direction qui vous procure un grand plaisir. Ce qui se passe autour de vous donne naissance à des sentiments extrêmes, entraînant des émotions très fortes qui vous aideront à vous sentir plus impliqué dans votre situation.

Comme résultat

De nombreuses émotions agréables et positives sont liées à cette carte et, par conséquent, le succès de vos efforts est certainement une possibilité réelle. Le seul problème, comme vu ci-dessus, est que lorsque la passion domine, ce qui se passe atteint un point culminant et les sentiments qui en résultent sont généralement de courte durée, puis diminuent lentement. À cet égard, le succès obtenu risque de ne pas durer si vous n'y prenez pas garde.

Mars

Mars est la quatrième planète du système solaire. Elle est surnommée «la planète rouge» en raison de la couleur rougeâtre de sa surface, due à la fine poussière d'oxyde de fer présente dans le sol.

Mars fait partie des objets célestes les plus brillants, la planète ressemble à un point lumineux rouge vif et est connue depuis l'Antiquité.

Mars porte le nom du dieu romain de la guerre, qui était le second en importance après Jupiter. Dans la littérature romaine, il était le protecteur de Rome. Les premiers Romains vénéraient Mars comme un dieu vindicatif, dont la fureur inspirait la sauvagerie de la guerre. Mars était en grande partie basé sur le dieu grec Ares, dieu de la guerre, et partage en grande partie la même mythologie.

Le symbole représentant Mars se compose d'un rond et d'une flèche, et est généralement reconnu comme étant le signe représentant la «masculinité».

Mars est la planète de l'action en astrologie. Certains aspects de votre vie contrôlés par Mars incluent votre passion, votre détermination, et votre énergie. Et tandis que Vénus contrôle l'attirance romantique, Mars règne plus sur votre énergie et votre désir sexuels. Il a aussi un aspect néfaste, prédisant conflits et catastrophes.

Si l'on prend en compte tous ces aspects en association avec sa couleur rouge, on obtient un sentiment synonyme d'agressivité, d'ambition et de bravoure. Ne vous attendez pas à un moment de calme avec Mars, beaucoup d'énergie sera certainement nécessaire lorsque cette planète sera présente.

A ce titre, il n'est pas surprenant de retrouver des cartes difficiles sous son influence. Mars s'exprime comme une agression passive dans Méchanceté (32), des idées contradictoires dans Procès (33), l'écrasement des autres dans Despotisme (34), l'agression dans Ennemis (35), des discussions brusques dans Pourparlers (36), l'agressivité dans Le Feu (37), et des événements catastrophiques dans Accident (38).

32 - Méchanceté

"Caractère de quelqu'un de méchant, volonté de nuire, de faire du mal.
Caractère méchant, malveillant d'un acte, d'un propos.
Action, parole méchante."

Mots-clés: cruauté, vice, méchanceté, trahison, égoïsme.

Sur la carte, on trouve une lanterne et un couteau caché derrière elle, du côté le plus sombre.

Dans le folklore populaire, une lanterne n'a pas bonne réputation. C'est probablement dû au fait qu'elle ne fournit pas beaucoup de lumière, pas assez pour voir clairement autour de nous lorsque la nuit est sombre. Il s'agit probablement ici d'une «lanterne sombre», dotée d'un volet coulissant permettant de l'obscurcir sans éteindre la bougie. Cela permettait aux voleurs et aux bandits de rester cachés jusqu'à ce que leurs proies s'approchent d'eux.

Le couteau est bien sûr une arme, un objet utilisé pour menacer, attaquer ou se défendre. Par analogie, il peut représenter une attitude agressive et brutale, où quelqu'un veut blesser un autre non seulement physiquement, mais aussi sur le plan mental. Sur la carte, le couteau est caché par la lanterne, ajoutant un climat de mensonge et cachant les intentions de la personne.

Avec tous ces éléments, Méchanceté montre avant tout un rapport avec la violence, principalement psychologique. Ce sont donc les valeurs morales qui sont attaquées par cette carte. Elle représente une atmosphère de nuisance, dans laquelle le consultant doit être vigilant.

Comme atout

Premièrement, vous pouvez utiliser les qualités de la carte à votre propre avantage. Par là, je ne veux pas dire être agressif ou cruel, mais plutôt utiliser la lanterne pour faire la lumière sur ce qui n'est pas clair autour de vous, et être armé pour vous défendre, principalement contre la cruauté et les attaques morales.

Bien sûr, cela peut aussi signifier que vous pouvez obtenir un avantage en faisant pression sur quelqu'un d'autre, comme par exemple en rappelant à cette personne qu'il vous doit quelque chose, ou en faisant la lumière sur quelque chose qu'il aimerait garder caché.

Comme problème

Le climat qui vous entoure n'est certainement pas propice à faire avancer vos projets. Vous pouvez vous attendre à vous retrouver dans des situations où vous ne pouvez pas faire confiance aux autres personnes impliquées. Il s'agit plutôt d'une ambiance où chacun se bat pour son propre avantage. Cela peut nuire à vos objectifs, car d'autres sont prêts à utiliser des tactiques illégales et malveillantes pour obtenir un gain.

Comme conseil

Faites attention aux personnes avec qui vous vous associez et à qui vous faites confiance. Si vous vous trouvez dans une situation difficile, vous devrez être prêt à vous défendre. Le couteau est une arme mise à votre disposition, et peut symboliquement représenter des vérités tranchantes et brutales, n'hésitez pas à vous en servir si nécessaire.

Comme évolution

L'évolution de vos projets ne sera pas simple, il existe de nombreuses perturbations possibles dues à des influences extérieures et des attitudes malveillantes. Votre situation peut se compliquer si vous n'agissez pas avec prudence ou si vous faites trop confiance aux autres personnes impliquées.

Comme résultat

Méchanceté montre que des difficultés surviendront lorsque vous tenterez d'atteindre vos objectifs. Les problèmes ne sont pas dûs à la façon dont vous agissez ou aux actions que vous entreprenez pour avancer, mais à l'atmosphère qui vous entoure et au fait que vous ne pouvez faire confiance à personne autour de vous. En conséquence, vous devez constamment faire face à leur agressivité et à leur attitude traîtresse.

33 - Procès

"L'ensemble des formalités nécessaires à l'aboutissement d'une demande faite par une personne qui entend faire valoir en Justice, un droit dont la reconnaissance fera l'objet d'une ordonnance, d'un jugement ou d'un arrêt."

Mots-clés: conflit, opposition, antagonisme, dispute, débat.

Deux épées sont croisées, signe qu'elles se livrent à un duel ou à tout type d'exercice combatif. Une épée est une arme, un object qu'on utilise pour attaquer pour se défendre et, par conséquent, elle symbolise généralement des qualités telles que le pouvoir, la protection, la puissance, l'autorité, le courage et l'antagonisme.

Procès, bien sûr, par son nom nous rappelle les tribunaux et la façon dont la justice est rendue. Les décisions qui y sont prises sont importantes et souvent difficiles pour au moins l'une des parties. A ce titre, Procès peut représenter le système judiciaire et les problèmes juridiques auxquels vous pourriez être confrontés, mais aussi les débats, les arguments opposés, ainsi que les décisions prises et leurs conséquences.

Sur la carte, les deux épées sont croisées, indiquant un affrontement entre adversaires, ce qui peut être symboliquement le signe d'idées opposées ou contradictoires, ou d'un choix difficile à faire. N'oublions pas que les épées sont aussi des symboles de batailles et de guerre.

Par extension, Procès peut représenter l'antagonisme, les bagarres, les disputes et même la violence.

Comme atout

Les épées étant des armes, vous disposez de moyens pour vous défendre et attaquer si nécessaire. En conséquence, la justice est de votre côté dans la mesure où vous êtes capable de présenter des arguments en votre faveur.

Comme une épée coupe, vous êtes également capable de prendre des décisions acérées, ce qui vous permet, au travers de débats ou de discussions, de négocier habilement votre point de vue et de trouver des compromis qui jouent en votre faveur.

Comme problème

Vous vous retrouvez en position de faiblesse car vos capacités pour vous défendre et vos arguments ne sont pas très efficaces. Cela peut se manifester par la prise de mauvaises décisions, la défense d'une cause perdue ou la confrontation à une situation difficile pour laquelle vous ne pouvez pas parvenir à un compromis, vous laissant dans une position faible.

Comme conseil

Vous devez être prêt à affronter vos adversaires et à vous

battre pour faire avancer vos idées, c'est-à-dire prendre une position claire et ferme, sans ambiguïté. Soyez prêt à affronter un conflit ouvert et à réagir de manière violente, parfois la seule façon d'avancer est de faire la guerre à vos adversaires.

Comme évolution

Vous vous retrouverez face à des conflits et à la nécessité d'arbitrer plusieurs situations, certaines pouvant même être très antagonistes. Cela vous demandera de vous battre et de faire valoir vos droits devant les autres.

Comme résultat

Procès, par définition, concerne les conflits, les discussions et certains points qui doivent être résolus. En conséquence, la carte ne peut pas montrer un succès ou un échec total de vos projets, mais plutôt une situation qui continue et dans laquelle vous devez vous défendre à cause de disputes et de conflits constants.

34 - Despotisme

"Régime politique dans lequel un seul homme gouverne de façon arbitraire et autoritaire.
Volonté, autorité exercée d'une façon tyrannique."

Mots-clés: autorité, incapacité d'agir, soumission, résignation, passivité.

Pour bien comprendre Despotisme, il faut revenir à la définition du «despotisme», qui est avant tout un système politique où une seule personne détient le pouvoir absolu. Il définit un régime totalitaire, sous lequel la liberté de toutes les personnes vivant sous l'autorité d'un tyran est enlevée. Du coup, on a le sentiment d'être complètement humilié et dominé dans cette carte.

L'image représente très bien ces notions. On voit un homme avec les poignets enchaînés à un pieu. Presque nu, tête baissée, dans une attitude résignée, on imagine aisément que cet homme est privé de liberté, soumis à une autorité forte contre laquelle il ne peut absolument rien.

Les mains liées, impuissant dans une position de victime, il ne peut rien faire pour échapper à sa condition et il semble déterminé à accepter son sort, incapable de se rebeller.

Despotisme indique une sorte de comportement, qui annonce d'abord une période dans la vie du consultant où tout son pouvoir lui a été retiré et où il n'est plus autorisé à prendre des décisions par lui-même. Il est devenu spectateur de sa vie et n'est pas capable d'agir pour changer sa condition.

En conséquence, la carte met en garde contre l'inaction, les dangers de la résignation et de l'acceptation de sa condition sans agir pour la changer.

Comme atout

Il n'y a pas grand-chose de favorable dans cette carte, le mieux que vous puissiez faire, tant que cette situation dure, est d'attendre patiemment que les jours s'améliorent. Vous avez juste la possibilité de passer inaperçu et de cacher vos intentions.

Comme problème

Nous pouvons voir cette carte sous deux aspects différents: soit vous êtes le tyran, soit la personne sous la tyrannie.

Dans le premier cas, votre autorité n'est pas respectée, et vous pouvez vous attendre à ce que d'autres personnes impliquées dans votre situation se révoltent, et par conséquent fassent tout ce qui est en leur pouvoir pour bloquer vos actions.

Dans le deuxième cas, vous subissez une grande domination, qui peut être due aux autres ou aux éléments entourant votre situation, ce qui fait que vous n'êtes pas capable d'agir et de progresser vers vos objectifs.

Comme conseil

Comme par définition le despotisme consiste à se soumettre à l'autorité de forces indépendantes de notre volonté, la seule chose que nous pouvons faire est de ne pas agir, de ne rien faire car cela pourrait se retourner contre nous. Tout ce que vous pouvez faire, c'est attendre patiemment jusqu'à ce que vous vous sentiez libéré et que votre situation s'améliore. En attendant, la seule chose possible est de réfléchir à votre situation et faire des plans pour plus tard.

Comme évolution

Votre projet est comme cette personne refoulée, attachée: placé sous des forces extérieures sur lesquelles vous n'avez pas beaucoup de pouvoir pour agir. Cela ne vous laisse aucune marge de manœuvre ou d'action par vous-même. La prudence est de mise car la progression de vos projets ne dépend pas de vous, mais des actions des autres.

Comme résultat

Vous vous trouvez dans une position où des forces extérieures contrôlent votre destin, et vous n'avez aucun pouvoir de décision sur le succès ou l'échec de vos projets. Tout ce que vous pouvez faire, c'est attendre patiemment que votre situation s'améliore et accepter ce qui se passe autour de vous. Despotisme indique certainement que vous devriez fortement réduire vos attentes.

35 - Ennemis

"Personne qui veut du mal à quelqu'un, qui cherche à lui nuire, qui lui est très hostile.
Personne, groupe, pays qui combat dans un camp opposé, en particulier en temps de guerre.
Personne qui s'oppose à, qui a de l'aversion pour quelque chose."

Mots-clés: hostilité, malveillance, difficultés importantes, adversité, compétition.

L'image montre un serpent enroulé autour d'une épée. Une lame est une arme, elle sert à couper, à attaquer et à se défendre. Et couper peut bien sûr aller au-delà d'un acte physique et représenter symboliquement des mots qui coupent, un langage tranchant.

Entourée du serpent, qui peut représenter une trahison, un mensonge ou une calomnie, on peut imaginer toutes sortes de situations malsaines. Le serpent pointe la tête au-dessus de la lame, on voit sa langue, il est prêt à attaquer et à délivrer son venin.

148

Étant sous l'influence de Mars, Ennemis définit tout d'abord quelqu'un qui cherche à faire du mal à autrui. Et sur cette carte, le mot ennemis est au pluriel, indiquant qu'il peut y avoir plusieurs sources de mal. Dans ce contexte, la carte peut représenter le demandeur face à des personnes qui pourraient le blesser, lui mentir ou le mettre dans des situations désagréables et difficiles.

Si nous allons au-delà du sens littéral et envisageons une interprétation plus symbolique, le serpent peut représenter non seulement des personnes, mais aussi toutes sortes de situations délicates où des obstacles se dresseront sur le chemin du demandeur. Ils peuvent le ralentir, ou lui faire du mal en obligeant le consultant de constamment vérifier la véracité des circonstances qui l'entourent.

La langue du serpent peut aussi faire penser à des expressions populaires, entre autres scandaleuses, ce qu'on appelle communément une langue de vipère. Le consultant doit faire attention au type de rumeurs et de potins malveillants qui circulent autour de lui. Associées au tranchant de la lame, ces rumeurs peuvent être vicieuses et réellement lui causer des problèmes.

Comme atout

On pourrait considérer le consultant comme étant celui qui tient l'épée, ce qui le rend capable de défendre sa position. Face à l'adversité, vous savez que vous pouvez riposter et trouver un moyen de vous sortir des situations difficiles ou calomnieuses dans lesquelles vous vous trouvez impliqué.

Comme problème

Vous vous retrouvez face à des difficultés importantes, car certaines personnes s'opposent à vous ou vous mentent.

La situation dans laquelle vous vous trouvez n'est pas favorable pour avancer, car vous devez constamment vérifier votre environnement pour détecter les intentions malveillantes des autres personnes impliquées.

Comme conseil

Comme vous êtes entouré de problèmes qu'il ne faut pas prendre à la légère, vous ne devez pas accorder trop de confiance à vos collaborateurs ou aux personnes en contact étroit avec vous. Soyez prudent dans la façon dont vous agissez avec les gens qui vous entourent et, même si vous ne voulez pas exacerber le climat agressif dans lequel vous vous trouvez, soyez à l'affût des mensonges et des calomnies.

Comme évolution

Vous devez vous attendre à de l'adversité et des désaccords, car des forces puissantes évoluent contre vous. Quel que soit le contexte, Ennemis montre une évolution très difficile dans laquelle vous devrez avancer avec prudence, car vous vous retrouverez dans une situation pleine de mensonges, d'intentions blessantes et une forte opposition à vos projets.

Comme résultat

Vous serez confronté à des inconvénients et des contrariétés qui finiront par vous causer des ennuis. Ceux-ci se révéleront comme des conflits et des situations hostiles. En conséquence, ne vous attendez pas à une résolution de vos problèmes, mais plutôt à une continuité de circonstances identiques ou qui s'aggravent, où vous devez constamment vérifier à qui vous pouvez faire confiance ou non, et un climat d'opposition constant.

36 - Pourparlers

"Entretiens préalables à la conclusion d'une entente, d'un traité ou en vue de régler une affaire."

Mots-clés : discussions, débat, échange, diplomatie, potins.

Un groupe de trois oiseaux perchés sur un arbre dénudé est rejoint par un quatrième. Tous ont le bec ouvert, suggérant des sons. Si vous observez les oiseaux et leur comportement, ils sont vraiment bien dans l'esprit de l'énergie de Mars. Dans la nature, les oiseaux sur une branche ou rapprochés sont très nerveux, bougent constamment, chantent, se dérangent souvent et se disputent, ils sont prêts à s'envoler au premier signe d'un conflit plus important. Il confèrent donc à cette carte une notion de nervosité assez importante.

En observant ces oiseaux, ils semblent tous chanter en même temps, donnant une impression de cacophonie. Symboliquement, cela peut représenter des conversations, des discussions que nous avons avec les autres.

Dans un débat idéal, nous parlerions chacun à notre tour et défendrions nos arguments, puis rendrions la pareille aux autres avec la même courtoisie. Mais ce n'est pas l'impression que nous donne la situation décrite sur cette carte. Ici, les attitudes combatives, voire agressives, liées à la planète dirigeante, Mars, semblent bien représentées.

Les négociations peuvent donc représenter un large éventail d'attitudes différentes, allant de conversations respectueuses que nous avons avec quelqu'un d'autre, jusqu'à une discussion complètement animée où chacun des intervenants essaie de dominer les autres.

Des pourparlers ont lieu lorsqu'il y a un conflit ou une divergence d'opinions, et chacune des parties impliquées essaie d'exprimer son opinion et son point de vue afin de trouver un terrain d'entente. Et bien entendu, lors de ces négociations, les tensions peuvent être vives et les arguments peuvent être vigoureusement défendus.

Comme atout

Vous possédez les compétences d'un bon débatteur, et savez exprimer votre opinion avec énergie, passion et conviction. Vous êtes également capable de mener un débat et de l'orienter de manière à trouver un compromis en votre faveur.

Comme problème

Pourparlers peut être considéré comme un avertissement indiquant que vous êtes trop combatif et agressif dans la manière dont vous essayez de présenter ou défendre vos opinions. Vous pourriez retourner les gens contre vous avec les arguments que vous avancez et la manière dont vous souhaitez dominer les débats.

Comme conseil

Avant de prendre d'autres mesures, vous devriez donner la priorité aux discussions et aux communications avec d'autres pour tenter de résoudre les points litigieux. Le dialogue doit toujours prévaloir avant de prendre des mesures plus drastiques. Essayez de motiver les autres à parvenir à un consensus, en ayant un débat constructif.

Comme évolution

Attendez-vous à beaucoup de discussions et d'incertitudes car aucune solution aux problèmes actuels n'est pas prête à venir. Le débat s'éternise, personne n'est d'accord et il est très difficile de parvenir à un consensus. En conséquence, vos projets ne semblent pas beaucoup évoluer, car ils sont constamment remis en question.

Comme résultat

Comme laissé entendre au cours de l'évolution de vos projets, il n'y a pas de véritable résolution. Certains points restent controversés et font encore débat. Ne vous attendez pas à un règlement rapide, car une certaine opposition subsiste. Au mieux, les négociations peuvent indiquer des pourparlers amicaux sur les questions restantes qui mèneront à une trêve temporaire.

37 - Feu

"Amas de matières en combustion ; embrasement d'une matière par les flammes.
Sensation de chaleur très vive ou de brûlure due à une émotion, une fièvre, à l'absorption d'une boisson forte, d'un plat épicé, d'une irritation, etc.
Ardeur des sentiments, vivacité, enthousiasme, chaleur."

Mots-clés: dynamisme, détermination, force, volonté, combat.

Deux coqs semblent prêts à se battre, une torche brûle au-dessus d'eux. L'attitude des deux volatiles est résolument agressive, chacun avec une patte relevée, la tête baissée et se faisant face. Le contact est imminent, rien ne les retient, ils ne manifestent que des sentiments de combativité, d'intrépidité et de détermination. Leur attitude ne laisse place ni au doute ni à la peur.

Le nom de la carte fait référence à l'un des quatre éléments fondamentaux de la matière, tels que déjà définis par les Grecs de l'Antiquité: le feu, l'eau, l'air et la terre. L'idée selon laquelle ces quatre éléments constituaient toute la matière était la pierre angulaire de la philosophie, de la science et de la médecine. Le feu représente généralement nos passions, nos désirs, notre survie, mais aussi des attributs plus néfastes tels que la colère, le combat, les instincts primaires.

Tous ces aspects peuvent être liés pour montrer l'agressivité et la détermination que l'on voit dans cette carte. Il semblerait que ces deux coqs soient prêts à se battre jusqu'à la mort. Et effectivement, dans une basse-cour, un seul coq est généralement présent, car en mettre deux ensemble entraînerait des bagarres pour savoir lequel devient le roi des poules.

Si nous réunissons tous ces aspects, Feu peut certainement représenter nos instincts primaires, ce qui nous motive. Feu symbolise le combat, la lutte, notre dynamisme pour gagner.

Comme atout

Vous êtes fort et disposez de suffisamment d'endurance pour imposer votre volonté aux autres et obtenir ce que vous recherchez. Le feu brûle en vous, et comme dans la basse-cour, c'est vous qui restez au pouvoir.

Comme problème

On pourrait voir deux attitudes néfastes avec cette carte.

Soit votre attitude agressive n'aide pas votre cause, et vos agissements combatifs constants ne vous aident pas à obtenir du soutien. Attendez-vous plutôt à ce que les autres personnes impliquées se rebellent.

Ou encore, vous n'avez pas assez de feu en vous pour vous battre afin d'obtenir ce que vous voulez. Ce qui vous amène à être submergé par l'attitude et la volonté des autres autour de vous, vous mettant dans une situation désastreuse et menaçant vos objectifs.

Comme conseil

Feu vous conseille plaidoyer pour obtenir ce que vous désirez, vous devez exploiter l'énergie et la force qui brûlent en vous afin d'être plus vigoureux dans votre façon d'avancer. Mettez-vous en valeur, et même si cela signifie que vous devez subir des coups directs ou des reproches, vous devez canaliser toute votre énergie, en agissant avec fermeté et détermination.

Comme évolution

Faire avancer vos objectifs ne sera pas simple, car vous pouvez vous attendre à une résistance de la part des autres parties. Vous devrez faire face à l'adversité et aux luttes. Mais vous n'avez pas le choix si vous souhaitez que votre projet évolue, vous devrez vous défendre pour obtenir ce que vous désirez.

Comme résultat

Feu évoque des combats et des luttes continus, il n'y a pas de fin aux conflits ni à l'opposition face à vos objectifs. En conséquence, attendez-vous à être confronté à un adversaire ou à un environnement défavorable. Le meilleur résultat auquel vous puissiez vous attendre est de vous battre constamment pour ce que vous voulez, sous peine de risquer de le perdre.

38 - Accident

" Événement fortuit qui a des effets plus ou moins dommageables pour les personnes ou pour les choses.
Événement inattendu, non conforme à ce qu'on pouvait raisonnablement prévoir, mais qui ne le modifie pas fondamentalement.
Trouble morbide survenant de façon imprévue et n'ayant pas nécessairement, si ce trouble survient au cours d'une maladie, de liaison avec elle."

Mots-clés: événements imprévus, changement, modification inattendue, effondrement, destruction.

Deux tours sont frappées par la foudre et s'effondrent. Un éclair représente traditionnellement une illumination soudaine et la destruction de l'ignorance. Il peut aussi représenter la «colère de Dieu», un châtiment des humains par les Dieux, venant du ciel. La tour, bien sûr, est une construction artificielle qui n'est pas éternelle.

Le message est simple, parfois nos croyances, nos

fondements et leurs bases sont bouleversés alors qu'on ne s'y attend pas. Des accidents et des circonstances imprévues peuvent survenir à tout moment et avoir sur nous un impact fort et durable.

Mais même si la crise peut être forte, la présence de verdure au pied des tours est un signe que la vie reprend toujours, une raison pour garder un peu d'espoir même dans les pires moments, car on peut rebondir face aux imprévus et aux catastrophes.

Accident nous rappelle toutes ces occasions où rien ne se passe comme nous le souhaitons, où nous nous sentons complètement déprimés à cause de ce qui est détruit dans notre vie. En conséquence, nous devrons faire face à des circonstances imprévues et nous y adapter.

Bien sûr, Accident peut aussi nous avertir de faire attention, la carte pouvant littéralement signifier un véritable accident.

Comme atout

Vous disposez d'une grande facilité à vous adapter aux circonstances qui vous entourent. Parfois, des changements de direction brutaux sont nécessaires pour poursuivre vos objectifs, changements qui nécessitent une refonte approfondie de ce que vous faites, et vous êtes capable de les exécuter facilement. Votre flexibilité pour s'adapter aux événements qui vous entourent devient un atout.

Comme problème

Rien ne se passe comme vous le souhaitez, vous pouvez vous attendre à des difficultés et des actions soudaines qui iront à l'encontre de vos objectifs. La seule chose que vous pouvez faire est de subir, réagir, et d'essayer de vous adapter aux circonstances. Un accident peut aussi signifier que la chance n'est pas de votre côté, que des événements inattendus jouent contre vous, ou du moins vous ralentissent.

Comme conseil

Attention à ne pas prendre trop de risques, vous devez remettre en question vos décisions et repenser votre position, vos projets pourraient se diriger vers une situation dangereuse. En conséquence, une action radicale pourrait être nécessaire, comme changer totalement ce qui a déjà été fait et essayer d'atteindre vos objectifs dans une direction totalement différente, moins sujette aux risques.

Comme évolution

Attendez-vous à une évolution difficile pour vos projets. La direction prise par vos actions peut se révéler dangereuse et vous conduire à une position très difficile, voire à une implosion littérale de vos actions. La manière dont vous essayez d'atteindre vos objectifs ne réussira pas, il vous faudra essayer de les atteindre en recommençant différemment, probablement en repartant de zéro.

Comme résultat

Le succès n'est pas au rendez-vous, des revers se sont produits. Contrairement à vos attentes, vos objectifs ne seront pas atteints, probablement à cause de quelque chose de radical et d'inattendu, et vous devrez remettre en question ce qui s'est passé. À ce stade, tout comme lorsque vous êtes victime d'un véritable accident, la seule chose que vous pouvez faire est d'essayer de comprendre ce qui s'est passé, et d'en tirer une leçon pour l'avenir.

Jupiter

Jupiter est la cinquième planète du système solaire et la plus grande. C'est généralement le quatrième objet le plus brillant dans le ciel, après le Soleil, la Lune et Vénus.

Jupiter est connue depuis l'Antiquité et est visible à l'œil nu. La planète est généralement associée au dieu grec Zeus, ou à l'équivalent romain de Jupiter.

Jupiter était le dieu du ciel et du tonnerre, ainsi que le roi des dieux dans la mythologie romaine. Il était le dieu du panthéon et était considéré comme la divinité principale de la religion d'État romaine pendant les époques républicaine et impériale, jusqu'à ce que le christianisme devienne la religion principale.

En astrologie, Jupiter est la planète qui nous donne la pensée, nous permettant d'utiliser nos connaissances supérieures, et nous donnant le don d'explorer les idées, intellectuellement et psychologiquement. Dans un domaine plus spirituel, Jupiter règne sur la religion et la philosophie.

La chance et la bonne fortune sont généralement associées à Jupiter, la planète nous permettant de grandir et de nous épanouir de manière positive.

Il n'est donc pas étonnant que ces qualités soient perçues de manière très favorable dans les sept cartes gouvernées par cette planète. Appui (39) fait référence à l'aide que nous recevons de notre communauté. Beauté (40) nous renvoie aux notions d'exploration et d'élargissement de nos connaissances. Heritage (41) parle de notre expérience issue de nos interactions avec les autres. Sagesse (42) fait directement référence à notre expérience et notre intellect. La Renommée (43) fait référence à la reconnaissance de nos actions. Hazard (44) montre comment évoluent nos explorations. Bonheur (45) fait directement référence à notre reconnaissance sociale.

39 - Appui

"Tout ce qui sert à maintenir quelque chose ou quelqu'un, à en assurer la solidité ou la stabilité.
Soutien, aide, protection apportés par quelqu'un ; personne qui intervient en faveur de quelqu'un, qui le soutient."

Mots clés: aide, assistance, soutien, bases solides, bienveillance.

Un aigle, les ailes déployées, se dresse sur un globe doré et porte une couronne. Sa posture montre qu'il est prêt à prendre son envol, en pleine maîtrise. Il regarde vers la droite, direction qui représente symboliquement l'avenir.

Historiquement, les aigles ont toujours été considérés comme les oiseaux les plus majestueux. Lorsqu'ils parcourent les cieux, nos anciens pensaient qu'ils entretiennent une communication particulière avec les dieux. Ils ont toujours représenté la fierté, la majesté, la force, le courage, la sagesse. Leur image est souvent adoptée comme symbole par des pays, des armées ou des organisations puissantes.

Symboliquement, lorsqu'un aigle apparaît, cela signifie que vous êtes averti de vous inspirer et à aller plus haut, à devenir plus que ce dont vous pensez être capable, à être courageux et à repousser vos limites.

Appui est une carte très agréable à voir dans un tirage, car elle montre que le consultant bénéficie d'influences positives. Soit il pourra atteindre son plus haut potentiel, soit d'autres seront là pour l'aider à atteindre ses objectifs.

Comme atout

Vos projets démarrent bien car ils reposent sur du solide, sur de bonnes bases. Cela peut être dû à votre leadership et à votre détermination, qui vous permettent de prendre le contrôle de la situation dans laquelle vous vous trouvez. Ou une autre possibilité est que vous puissiez obtenir le soutien de personnes autour de vous.

Comme problème

Appui dans cette position est assez inquiétant, car il peut montrer que vous manquez de maîtrise et de détermination, deux qualités nécessaires pour atteindre vos objectifs. La carte peut également montrer que personne autour de vous n'offre son soutien et que vous restez seul face à vos problèmes.

De plus, la carte peut également indiquer que vos projets n'ont pas de base solide sur laquelle s'appuyer, ce qui les met directement en danger.

Comme conseil

Appui vous conseille de nouer des alliances avec d'autres et d'obtenir leur aide. Vous pouvez y parvenir en communiquant efficacement avec eux et en faisant confiance aux personnes qui vous entourent, ou plus précisément en vous entourant de personnes sur qui vous pouvez compter et possédant les compétences nécessaires pour faire avancer vos projets. Même si vous estimez que votre projet repose sur des bases solides, il n'y a pas de mal à se faire conseiller.

Comme évolution

Appui laisse présager une bonne avancée pour vos projets, probablement grâce à l'aide que vous pourrez trouver autour de vous. Vous étiez déjà bien parti, en vous appuyant sur quelque chose de solide, que vous êtes en mesure de solidifier encore davantage.

Comme résultat

Vos projets ont acquis une base solide et stable, certainement en partie grâce à l'aide et à la protection des autres. Qu'il s'agisse d'une véritable aide physique, ou de conseils, vous avez pu consolider vos objectifs jusqu'à ce qu'ils puissent se concrétiser et vous apporter un résultat agréable.

40 - Beauté

"Qualité de quelqu'un, de quelque chose qui est beau, conforme à un idéal esthétique.
Caractère de ce qui est digne d'admiration par ses qualités intellectuelles ou morales."

Mots-clés : esthétique, épanouissement, harmonie, luxe, sensibilité, arts.

Un cœur couronné est positionné au dessus d'une fleur.

Le langage des fleurs est connu depuis longtemps, et est capable de susciter en nous de nombreux sentiments. Par exemple, une seule rose rouge peut nous faire immédiatement penser à l'amour, tandis qu'un bouquet de fleurs peut nous rappeler des invitations, des rendez-vous et d'autres occasions heureuses. Nous offrons des fleurs aux autres lorsque nous voulons exprimer notre joie ou notre contentement. La fleur épanouie que nous trouvons sur la carte montre une expression de beauté, de féminité et de joie.

Le coeur a toujours été un symbole d'amour et de compassion. Souvent considéré comme le centre des émotions, le coeur est synonyme d'affections. Sur la carte, le cœur est couronné, donnant à ces émotions et sentiments, un regard pur et profond.

Beauté évoque en nous des sentiments de joie et de volupté. Tous les éléments présents sur la carte semblent mettre l'accent sur l'harmonie, le plaisir et la sérénité. Ceci pourrait exprimer non seulement un lien romantique, mais aussi toutes sortes d'attachements émotionnels que nous entretenons. La carte peut ainsi représenter ce qui éveille en nous des sentiments de perfection ou quelque chose d'esthétiquement parfait.

Enfin, Beauté montre aussi tout ce qui a à voir avec ce que l'on considère comme beau à observer, notamment dans les arts comme la peinture et la sculpture. Pensez par exemple à la Joconde ou à la Vénus de Milo, les premiers mots qui vous viennent à l'esprit sont perfection, harmonie et beauté.

Comme atout

Vous faites preuve de qualités telles que l'harmonie et la sensibilité, qui vous permettent de trouver le bon côté de ce que vous affrontez. Votre charisme et votre disponibilité pour les autres deviennent un atout dans l'élaboration de vos projets.

Comme problème

Vos projets souffrent car il vous manque certaines qualités essentielles comme l'harmonie ou l'élégance dans les solutions que vous recherchez. Il y a littéralement une atmosphère autour de vous où la beauté et l'épanouissement ne peuvent pas s'exprimer, comme par exemple en regardant le mauvais côté des choses dans lesquelles vous êtes impliqué.

Comme conseil

Beauté vous suggère de mettre en valeur vos qualités comme le charme, l'attractivité, et de souligner autour de vous l'harmonie de la situation, afin d'obtenir du support pour vos projets. Idéalement, vous devriez voir le bon côté des choses et rester optimiste.

Comme évolution

Beauté montre que tout évolue harmonieusement, permettant à vos projets d'évoluer dans une direction très agréable et bien équilibrée. Il règne un sentiment d'accomplissement et de bien-être tel que l'harmonie domine, vous procurant des sensations agréables.

Comme résultat

Beauté annonce la sérénité, l'équilibre et l'harmonie, car elle témoigne de la réussite de vos projets. Effectivement, des solutions agréables sont trouvées, vous procurant des sentiments de joie et de plaisir.

41 - Héritage

"Bien(s) acquis ou transmis par voie de succession.
Ce qu'on tient de prédécesseurs, de générations antérieures, sur
le plan du caractère, de l'idéologie, etc.
Ce qui est laissé par les prédécesseurs et qui est pénible à
assumer."

Mots-clés: transmission, savoir acquis, expérience, relatif
au passé, succession, héritage.

Un sablier vert, un parchemin et un crâne sont posés sur
une surface plane.

Le sablier symbolise le passage inévitable du temps et
peut donc être considéré comme un symbole de mort
lorsque nous finissons notre temps sur Terre, mais aussi
comme un symbole de nouveau départ ou de renaissance
lorsque nous le retournons.

Le crâne symbolise également la vie et, dans certaines
cultures, il est utilisé dans des célébrations pour les défunts.
Tout comme le sablier, il a longtemps été associé à la mort et

à la renaissance.

Dans le contexte de ces deux symboles, le parchemin au milieu de la carte peut être considéré comme un testament, un morceau de papier écrit sur lequel nous énumérons nos possessions et ce qu'elles devraient devenir une fois que nous quittons ce monde.

En conséquence, la carte peut signifier tout ce qui concerne l'héritage, ce qui nous a été laissé dans le monde physique. Littéralement, cette carte peut être prise à la lettre.

Mais symboliquement, nous devons aller au-delà de ces considérations mondaines, car dans l'ésotérisme, la mort a toujours été considérée davantage comme une transformation et un renouveau. Dans ce contexte, Héritage devient l'ensemble des choses qui nous ont été transmises, et elles peuvent aller bien au-delà du monde matériel.

Dans un contexte plus large, le patrimoine représente la reconnaissance de réalisations passées ou d'autres choses du passé qui jouent un rôle important dans la vie du consultant. Pensez à la sagesse, à la connaissance et à toutes les expériences que nous avons acquises par nos propres actions ou qui nous ont été données par d'autres, vivants ou non. Un aspect important à cet égard concerne les éléments non matérialistes que nous avons reçus de nos parents et ancêtres.

Comme atout

Vous êtes capable de tirer le meilleur parti des connaissances et des expériences que vous avez acquises dans le passé, car cela vous a donné la sagesse et les capacités mentales nécessaires pour faire face à ce à quoi vous êtes confronté. Toute cette expérience peut jouer un rôle clé pour tenter d'atteindre vos objectifs et d'obtenir des gains.

Comme problème

Deux sortes de problèmes peuvent être observés avec cette carte. Soit nous manquons d'expérience et des connaissances nécessaires, au point que cela nuit à nos chances d'atteindre nos objectifs.

Ou bien nos actions passées pèsent lourdement sur notre situation et nous en payons les conséquences.

Comme conseil

Vous devez vous appuyer sur votre expérience acquise dans le passé, car elle peut constituer une source considérable de connaissances, tant dans des situations intellectuelles que pratiques. Il serait déconseillé de se précipiter ou d'agir de manière trop drastique, car il vaudrait mieux que vous réfléchissiez à ce qui se passe et preniez le temps d'élaborer des plans basés sur votre expérience.

Comme évolution

Tant que ce sur quoi vous travaillez repose sur des expériences passées et sur ce qui a fonctionné favorablement pour vous, tout devrait se dérouler sans problème jusqu'à son achèvement complet. Après tout, vous avez acquis beaucoup de connaissances dans votre vie, et c'est le bon moment pour les mettre en pratique.

Comme résultat

Héritage, combiné à l'influence de la planète Jupiter, promet des développements favorables qui s'appuieront sur l'existant. Cela est dû à votre connaissance de la situation et à votre connaissance de ce qui s'est déjà produit. Vous pouvez appliquer cette expérience acquise pour consolider ce qui se passe.

42 - Sagesse

"Idéal supérieur de vie proposé par une doctrine morale ou philosophique ; comportement de quelqu'un qui s'y conforme. Qualité de quelqu'un qui agit avec prudence et modération ; caractère de son action.
Caractère de ce qui demeure traditionnel, classique, éloigné des audaces ou des outrances."

Mots clés: intelligence, maturité, sérénité, maîtrise, expérience de vie.

Un hibou couronnée nous observe. Le hibou était l'oiseau sacré d'Athéna, la déesse de la sagesse, et partage les attributs de cette déesse. Les hiboux sont nocturnes, ce qui les associent à la Lune. C'est tout le contraire de l'aigle, qui peut regarder directement le Soleil. Les hiboux symbolisent la sagesse, l'intelligence, la connaissance et la clairvoyance. Grâce à sa capacité à démasquer la tromperie, le hibou guide les personnes et les invitent symboliquement à voir clair dans le noir. Ils peuvent aussi représenter une connaissance rationnelle ou intuitive.

Le hibou a également été l'attribut traditionnel des voyants, symbolisant leur don de seconde vue, exercé par leur interprétation des présages.

La couronne est un ornement porté sur la tête, symbolisant le pouvoir et l'autorité. Étant présent sur le crâne du hibou, elle donne une légitimité à sa sagesse et à son savoir, au point que celui-ci devient une autorité dans les domaines qu'il gouverne.

En réunissant tous ces éléments, Sagesse représente l'esprit dans un état d'éveil spirituel, dans lequel nous pouvons prendre conscience que notre cerveau a la capacité de résoudre des problèmes complexes. De ce fait, la carte peut exprimer toutes les qualités telles que l'intelligence et la compréhension.

Un autre aspect important est la connaissance que nous avons acquise au cours de la vie, toutes les expériences et situations particulières que nous avons vécues, qui nous donnent une expérience précieuse sur laquelle nous pouvons compter.

Comme atout

Vous avez la perspective et la sagesse nécessaires pour comprendre l'ensemble de la situation dans laquelle vous vous trouvez. En conséquence, vous êtes capable d'utiliser votre expérience et vos acquis pour résoudre tout problème lié à vos projets, vous permettant ainsi d'avancer facilement vers vos objectifs.

Comme problème

Nous pouvons voir deux aspects différents lorsque Sagesse apparaît comme problème. Premièrement, il se peut que vous manquiez de certaines connaissances, ce qui ne vous permet pas d'envisager votre situation avec tous les éléments nécessaires, ou que vous n'ayez pas suffisamment d'expérience pour prendre des décisions judicieuses.

L'autre possibilité est que vous pensez avoir suffisamment de savoir et de capacités intellectuelles pour résoudre vos problèmes alors que ce n'est clairement pas le cas.

Comme conseil

Prenez le temps de ralentir et de réfléchir à la situation à laquelle vous faites face. Cela vous permettra d'appliquer votre expérience passée à ce qui se passe. Faire preuve de maturité et de bon sens vous permettra de vous orienter dans la bonne direction.

Comme évolution

Comme Sagesse concerne avant tout ce qui se passe sur le plan mental, vous allez acquérir une expérience et une maturité précieuses sur ce qui se passe. Votre capacité à prendre du recul et à attendre, à mieux comprendre la situation à laquelle vous faites face et comment elle évolue, vous permet d'utiliser votre sagesse dans ce qui se passe.

Comme résultat

Comme la carte est sous l'influence de Jupiter, votre projet est plus que probablement sur la bonne voie car la planète représente entre autres l'expansion et la connaissance. Mais le type de succès dont nous parlons est plus spirituel ou lié aux connaissances acquises plutôt qu'à autre chose. Sagesse permet d'acquérir avant tout un sentiment de maturité et de maîtrise.

43 - La Renommée

"Opinion favorable d'un large public sur quelqu'un, quelque chose."

Mots-clés: popularité, notoriété, célébrité, réputation, reconnaissance.

L'image montre un drapeau, une couronne de laurier et une trompette, trois objets souvent associés à la renommée et à la reconnaissance.

À l'origine, les drapeaux étaient une icône visuelle permettant aux troupes de se rassembler sur les champs de bataille et d'éviter les tirs amicaux. Mais aujourd'hui, les drapeaux sont davantage de nature symbolique, représentant une force unificatrice, comme les citoyens d'un pays ou les membres d'une organisation. Ils peuvent être considérés comme un symbole de reconnaissance de ce qu'ils représentent.

La symbolique de la couronne de laurier vient de la mythologie grecque, qui fut ensuite adoptée par les Romains pour les victoires militaires. De nos jours, une couronne de laurier est associée à de nombreuses possibilités de victoires ou de succès. Il n'est pas étonnant que l'on trouve, par exemple, une couronne de laurier dessinée sur de nombreux diplômes, signe que notre expertise est reconnue dans un domaine particulier .

La trompette était utilisée pour avertir la foule qu'une annonce ou un avertissement était sur le point d'avoir lieu. Nous pouvons associer ces coutumes à La Renommée car elles permettaient aux gens de se rassembler pour apprendre quelque chose d'important.

Les trois symboles pris ensemble montrent l'importance donnée à quelque chose ou quelqu'un. Il n'est donc pas étonnant que le Mage Edmond les ait choisis pour représenter des situations où quelqu'un est reconnu pour ce qu'il a fait, ou lorsque la réputation de quelqu'un est telle qu'il attire attention et notoriété.

La carte peut également représenter des personnes populaires, celles qui accèdent à un statut de célébrité par exemple.

Comme atout

Votre popularité vous rend attractif aux yeux des autres. D'autres personnes impliquées dans votre situation apprécient votre personnalité, ce qui vous confère une certaine forme de reconnaissance sociale. La réputation que vous avez acquise met en valeur votre talent, votre expérience et vos compétences pour faire face à ce qui se passe.

Comme problème

Comme par définition «renommée» indique une notoriété, en tant que problème, elle peut indiquer un manque de soutien de la part des autres, dû à un manque de popularité, ou une mauvaise image que vous projetez autour de vous. Quelle que soit la raison, cette incapacité à obtenir le soutien ou l'approbation des autres nuira à votre possibilité d'atteindre vos objectifs.

Comme conseil

Votre notoriété est certainement le premier atout que vous devez exploiter pour atteindre vos objectifs. Dans cette optique, il vous est conseillé de travailler vos connections pour tenter d'augmenter votre popularité. Comme votre réputation joue en votre faveur, les contacts avec d'autres sont primordiaux.

Comme évolution

Vos projets évoluent de manière très satisfaisante, grâce à la façon dont vous êtes perçu. Effectivement, vos contacts et vos connexions avec les autres sont un atout qui joue en votre faveur. Tout dépend de comment vous pouvez augmenter votre notoriété.

Comme résultat

Premièrement, La Renommée indique des répercussions positives sur le plan personnel. Associée à l'influence de Jupiter, vous pouvez vous attendre à une expansion de la façon dont les gens vous perçoivent, augmentant ainsi votre popularité. Tout cela est de bon augure pour la réussite de vos projets, notamment dans les questions concernant des relations avec d'autres.

44 - Le Hazard

"Puissance considérée comme la cause d'événements apparemment fortuits ou inexplicables.
Circonstance de caractère imprévu ou imprévisible dont les effets peuvent être favorables ou défavorables pour quelqu'un."

Mots clés : imprévus, opportunités, mouvement, chance, dynamisme.

Une couronne dorée flotte au dessus d'une roue ailée. La roue est l'une des inventions les plus importantes de l'humanité, et a effectivement représenté un tournant majeur dans la civilisation humaine, car elle a permis de travailler plus efficacement et de se déplacer plus rapidement. Depuis lors, les roues jouent un rôle important tant dans le transport que dans l'industrie.

Si nous ajoutons les ailes, elles nous donnent non seulement la capacité de voler, mais aussi la notion d'amélioration dans ce que nous faisons, en nous apportant liberté et créativité.

La couronne est un ornement représentant l'autorité et, en tant que tel, nous donne les moyens de superviser ce qui se passe, donnant à cette roue une notion de direction contrôlée, en dirigeant les événements dans la direction que nous voulons. En conséquence, la roue n'a pas vraiment un mouvement libre, mais plutôt un que nous contrôlons.

Le Hazard représente donc avant tout un mouvement, parfois imprévisible, mais qui permet à une situation d'évoluer. Il apparaîtra dans des événements où nous souhaitons que quelque chose bouge, et même si nous essayons de contrôler dans quelle direction cela évoluera, il y a toujours malgré tout un élément d'imprévisibilité qui y est associé.

Bien entendu, le Hazard peut aussi représenter les risques que nous prenons dans la vie, les événements imprévus, les coups du sort. Quoi qu'il en soit, la carte représentera toujours une situation dynamique, évolutive, jamais quelque chose de statique.

Enfin, la roue représentée sur cette carte peut nous faire penser au transport, et elle peut représenter des vélos, des voitures, etc... même des avions puisqu'il y a une paire d'ailes dessinées sur la carte.

Comme atout

La chance est de votre côté, un événement bienveillant vous permet de vous rapprocher de vos objectifs. Votre dynamisme vous permet de prendre contrôle sur ce qui se passe et vous avez l'énergie nécessaire pour en tirer le meilleur parti. Vous n'avez pas peur des changements et vous arrivez à en profiter.

Comme problème

Le Hazard représentera souvent une situation dans

laquelle rien ne se passe, ou plus exactement où le mouvement a été arrêté ou bloqué, et où les opportunités d'évolution ne s'offrent pas à vous. Cela peut être dû à plusieurs raisons. Peut-être que la chance n'est pas de votre côté ou que vous êtes trop pessimiste pour faire évoluer les choses en votre faveur. Ou bien il y a un manque total de volonté de votre part, vous laissant dans une situation difficile. It est également possible que votre situation peut évoluer dans une direction inattendue, entraînant des retards ou des revers.

Comme conseil

Avec Le Hazard, il vous est fortement conseillé de suivre votre bonne étoile et de passer à l'action, de faire le nécessaire pour que votre situation évolue. Il y a bien sûr un risque car la carte montre toujours une notion d'événements imprévus, mais prendre certains risques calculés devrait être bénéfique pour vos projets. Bien sûr, vous devrez peut-être aussi changer légèrement de direction.

Comme évolution

Des opportunités se présenteront à vous. L'évolution de vos projets ne se fera pas en ligne droite, attendez-vous à ce que des développements et une progression se produisent, mais cela pourrait être davantage le résultat du hasard ou d'événements extérieurs plutôt que de vos propres actions. Quelle que soit la situation, vous la verrez certainement évoluer.

Comme résultat

Parallèlement à l'expansion représentée par l'influence de Jupiter, vous pouvez bénéficier de la croissance et de l'expansion de vos projets, la chance est plus que probablement de votre côté. Si vous posez des questions sur une situation bloquée, Le Hazard est certainement l'une des meilleures cartes à obtenir.

45 - Bonheur

" Bonne chance, circonstance favorable.
État de complète satisfaction.
Joie, plaisir liés à une circonstance. "

Mots clés : joie, réussite, plaisir, convivialité, richesse.

Une main tendue sort d'un nuage et reçoit une étoile rouge et une couronne d'or. La main est ouverte, paume vers le haut, dans un geste de réception. Cette position de la paume nous représente en train de recevoir ce qui se trouve au dessus, l'étoile et la couronne.

Le Mage Edmond a sélectionné deux objets importants. L'étoile a toujours été un symbole d'espoir. Les anciens navigateurs, par exemple, les utilisaient pour rechercher la direction dans laquelle ils devaient naviguer pour atteindre leur destination. En conséquence, les étoiles sont devenues des symboles de positivité et d'orientation. Nous les associons généralement à la chance, aux vœux, aux bons présages. Par exemple, nous faisons un vœu en voyant une étoile filante.

Les couronnes sont un symbole de royauté, elles donnent à leur porteur pouvoir et autorité, la possibilité de commander les autres.

Cette main ouverte reçoit un symbole spirituel et un autre de pouvoir. Si l'on ajoute l'influence de Jupiter, celui qui reçoit cette carte se voit attribuer des qualités assez importantes, tant sur le plan spirituel que matériel.

Bonheur montre un état de satisfaction complète et de plénitude et, en tant que tel, représente la joie et le bien-être. C'est certainement l'une des cartes les plus enrichissantes de l'oracle.

Comme atout

Vous vous trouver dans une humeur excellente pour attaquer vos problèmes et tenter d'atteindre vos objectifs. Effectivement, la façon dont vous exprimez vos sentiments de joie et votre charisme incitera les gens à réagir positivement à votre attitude, les motivant à vous donner un coup de main dans tout ce que vous planifiez.

Comme problème

Bonheur montre une attitude sans joie et un manque total de contentement. Étant une carte tellement favorable, lorsqu'elle est considérée comme un problème, elle peut présager une situation très difficile, proportionnellement aussi mauvaise que ce qu'elle était bonne en tant qu'atout. Le succès n'est pas au rendez-vous pour le consultant, certains événements prennent une mauvaise tournure, cela pourrait même vous amener à un état assez dépressif.

Comme conseil

Soyez heureux et des bonnes choses vous arriveront.

C'est peut-être un peu exagéré, mais c'est l'essentiel de l'attitude à avoir lorsque Bonheur vient en conseil. Mettez-vous dans un état d'esprit positif et confiant, et votre attitude vous permettra de voir les problèmes avec une vision plus optimiste, vous permettant ainsi de trouver plus facilement des solutions satisfaisantes.

Comme évolution

Les projets évoluent comme vous le souhaitez et cela vous procure beaucoup de plaisir. En ce sens, il ne s'agit pas vraiment de trouver une solution à chaque petit détail, mais plutôt de voir votre situation évoluer dans une direction qui vous donne avant tout une vision agréable de ce qui se passe.

Comme résultat

Bonheur est certainement de bon augure pour atteindre vos objectifs. Au minimum, vous vous retrouvez entouré de joie et de plaisir, signe que vous avez certainement atteint un état qui vous donne satisfaction. Même si le succès n'est pas total, le résultat reste très satisfaisant.

Saturne

Saturne est la sixième planète à partir du Soleil et la deuxième plus grande du système solaire, après Jupiter. C'est certainement le plus reconnaissable avec ses anneaux, et on peut la voir depuis la Terre à l'aide d'un télescope.

Saturne doit son nom au dieu romain de l'agriculture. Selon le mythe, Saturne a introduit l'agriculture à son peuple en lui apprenant à cultiver la terre. Saturne était aussi le dieu romain du temps, probablement parce qu'elle était la plus lente des planètes visibles dans le système solaire.

Dans la mythologie romaine, Saturne était le père de Jupiter. Saturne a également été identifié avec le dieu grec Cronos. Exilé de l'Olympe par Zeus, il dirigea le Latium, une ancienne région d'Italie.

En astrologie, Saturne reflète la sagesse, la discipline et le karma. Il met en lumière les domaines de votre vie où vous avez besoin de grandir. Semblable au rythme lent de la planète, avec Saturne tout est question de long terme, de persévérance et de patience: il s'agit davantage d'étapes et d'objectifs à long terme.

Symboliquement, Saturne représente le temps et la matière. C'est la limitation des choses concrètes, amenant les concepts à la réalité, l'esprit au corps, les pensées aux mots, la vie à la mort.

Saturne représente le principe restrictif, les difficultés, les blocages, ce qui est laborieux et prend du temps dans la vie d'une personne. Saturne est souvent représenté comme un vieil homme, conférant à la planète des notions de solitude, d'isolement, de malheur, de temps qui passe et de karma. Elle montre ce qui diminue et s'efface dans nos vies.

Tous ces aspects sont bien présents sur les sept cartes saturniennes. On peut voir des notions de malheur dans le Infortune (46), ce qui diminue et s'efface dans Stérilité (46), les conséquences malheureuses du passage du temps dans la Fatalité (48). La Grâce (49) est la seule carte de cette série donnant espoir par une intervention divine,. On peut voir une destruction lente dans Ruine (50), le temps qui passe dans Retard (51) et solitude dans Cloître (52).

46 - Infortune

"Événement malheureux, revers de fortune.
Malchance, adversité."

Mots clés: difficultés, handicap, malchance, événements malheureux, situation problématique.

Une vieille femme vêtue de haillons se déplace péniblement à l'aide d'une béquille. Elle est pieds nus, porte un foulard, un vieux sac sous le bras, autant de signes montrant à quel point elle est démunie. Le menton proéminent, le nez crochu, la bouche en retrait et l'air sévère donnent l'image stéréotypée d'une vieille sorcière.

Sous l'influence de Saturne, on imagine facilement à quel point elle a l'air malheureuse. Cette impression est encore renforcée par sa posture courbée, elle semble bouger avec difficulté, et la position de sa main droite, paume vers le haut, rappelle celle des mendiants.

Infortune nous avertit des événements malheureux qui surviennent dans notre vie, de tous les aléas et des mauvaises tournures qu'elle peut prendre. Il y a tellement d'austérité dans cette carte, un signe qu'elle a traversé beaucoup d'épreuves. Malgré tout, elle continue de mendier et d'avancer, elle n'abandonne pas, elle essaie de survivre dans son environnement difficile.

La carte souligne également les dangers de ne pas être entouré des autres, les problèmes liés à la solitude, à la vieillesse et au manque de ressources.

Comme atout

Le seul point positif que vous pourriez voir dans Infortune est de continuer à essayer d'atteindre vos objectifs, envers et contre tout. Le courage dont vous faites preuve face à l'adversité est remarquable.

Comme problème

Vous rencontrez des difficultés pour avancer vers vos objectifs. Ceux-ci peuvent se manifester par de la malchance, des coups du sort ou vous pourriez être confronté à une situation presque impossible à résoudre. Cela peut aller jusqu'au point où vous serez démoralisé et aurez le sentiment de ne pouvoir rien y changer.

Comme conseil

Le signe le plus important sur cette carte est que la femme continue d'avancer, et ce point particulier montre ce que nous devons faire. Ainsi, même si les circonstances entourant nos problèmes sont loin d'être parfaites, nous devons continuer à essayer d'atteindre nos objectifs. Pour y parvenir, nous devons arriver à contrôler nos ressources et ne pas les gaspiller sur des aspects superficiels de nos projets. Essayez de mobiliser ce qui est sous votre contrôle pour aller à l'essentiel.

Comme évolution

Vos projets n'évoluent pas de manière satisfaisante, il y a un énorme sentiment d'insatisfaction et d'être freiné par leur progression. Vous faites face à une grande quantité d'énergie gaspillée, ce qui entraîne des difficultés à avancer. Même si des petits progrès sont réalisés, ils ne seront pas très significatifs, car vous faites face à de la malchance et à des coups du sort.

Comme résultat

Infortune évoque un manque total de chance dans ce que l'on tente d'accomplir, et beaucoup de difficultés pour y parvenir. Cette carte ne vous dit pas franchement que vous ne pouvez pas atteindre vos objectifs, mais si vous y arrivez, cela vous coûtera beaucoup d'énergie et vous vous sentirez malheureux dans la situation dans laquelle vous vous retrouverez. Pensez par exemple à quelqu'un qui reste en couple ou dans un travail où vous vous sentez complètement dépassé et découragé.

47 - Stérilité

" État, nature de ce qui est stérile.
Impossibilité pour un être vivant de se reproduire, quelle qu'en
soit la cause.
Infécondité intellectuelle.
Inefficacité."

Mots-clés: vide, improductif, infertile, incapacité, impasse.

Au milieu d'une mer agitée, des rochers formant des petites montagnes émergent de l'eau. Ces sommets sont assez raides et complètement dépouillés.

Stérilité rappelle beaucoup la carte Départ (12). On retrouve le même genre de monts, dénués de toute végétation et de toute vie. La différence étant que sur Stérilité, on ne voit pas d'oiseau, il n'y a rien qui nous donne la possibilité de nous échapper de l'île.

Comme il n'y a rien qui pousse, ni végétation ni vie, la signification principale de cette carte est celle de l'abandon et de la privation, de se retrouver dans un lieu ou une situation où rien ne pousse, nous procurant un sentiment d'exclusion et d'abandon. La mer agitée, avec l'eau comme symbole de nos émotions, montre comment nous sommes tourmentés par cette situation.

Nous pourrions aussi voir ces cartes comme une période de notre vie où le matérialisme ne nous intéresse pas. Comme tout est stérile, c'est l'endroit idéal pour réfléchir à nos problèmes sans aucune distraction. L'endroit parfait pour méditer et réfléchir à la situation dans laquelle nous nous trouvons.

Comme atout

Comme vous êtes confronté à des limites et des restrictions, au point qu'aucune action physique n'est possible pour faire avancer vos objectifs, il ne vous reste que la possibilité de réfléchir à ce qui se passe autour de vous. Tout ce que vous pouvez faire c'est méditer et retarder vos projets pour plus tard.

Comme problème

Vous êtes confronté à une situation difficile, dans laquelle toutes les démarches que vous déployez n'apportent pas beaucoup de résultats. Quoi que vous essayiez, vos efforts ne portent pas de fruit, aucun résultat tangible n'est atteint. Vous êtes coincé dans un endroit défavorable à toute action.

Comme conseil

Comme la situation dans laquelle vous évoluez ne vous apporte rien d'utile pour atteindre vos objectifs, vous devriez commencer à vous contenter du minimum et laisser la situation évoluer d'elle-même. Limitez simplement les ressources dont vous disposez, quelles qu'elles soient, temps, argent ou autre chose.

Comme évolution

Stérilité, associée à l'énergie de Saturne, évoque des sentiments de constriction et de restriction. Rien de nouveau arrive, la situation dans laquelle vous vous trouvez n'apporte aucune évolution fructueuse et ne change pas. Vous êtes dans un climat dans lequel vos projets ne peuvent pas du tout se développer, ils ne peuvent que décliner en raison de l'environnement stérile auquel vous êtes confronté.

Comme résultat

Stérilité ne montre aucune satisfaction ni aucun succès pour la situation à laquelle vous êtes confronté. Au contraire, tout semble se restreindre, donnant un sentiment d'austérité et de déclin. Il peut s'agir par exemple d'un travail qui ne vous procure ni joie ni avancement, ou d'un environnement sentimental dans lequel vous vous sentez négligé.

48 - Fatalité

"Destin, force occulte qui déterminerait les événements.
Caractère de ce qui est fatal, de ce qui est inévitable.
Sorte de nécessité, de détermination qui échappe à la volonté.
Concours de circonstances fâcheuses, imprévues et inévitables ;
adversité inexplicable ; malédiction."

Mots-clés: échéance, épreuve du temps, destinée, destin, transformation.

Un homme nous fait face, tenant une faux dans la main droite et un fouet dans la gauche.

La faux est un objet qui était utilisé en agriculture, et est encore utilisé aujourd'hui dans certaines régions moins développées, pour la récolte, et accessoirement pour couper les mauvais végétaux. L'utilisation principale est la récolte, qui a lieu à la fin de l'été ou au début de l'automne, lorsque les plantations sont prêtes. En tant que telle, la récolte peut représenter quelque chose de final, mais plus important encore, la récolte de ce qui est prêt. Et ce cycle se répète chaque année, montrant symboliquement des cycles de mort et de renaissance.

Le fouet exprime une idée de punition, de pouvoir et de domination. Mais il peut aussi être utilisé dans les rituels de flagellation.

Ensemble, ces deux objets que tient l'homme lui confèrent un pouvoir de domination et la capacité de couper. Si nous relions ceci à l'influence de Saturne et à l'inévitabilité du destin que l'on retrouve dans le mot «fatalité», nous pouvons avoir la sensation d'une carte exprimant des événements qui échappent à notre contrôle, des circonstances qui nous rendent impuissants face à quelque chose de plus grand que nous.

Fatalité nous fait penser à notre destin et à l'impuissance d'y faire face. La faux coupe, la faucheuse arrive un jour pour nous tous. Sans être négatif à l'extrême et sans penser à la mort, Fatalité peut exprimer toutes les choses qui se produisent dans nos vies, sur lesquelles nous n'avons aucun contrôle et avons souvent l'impression qu'elles nous limitent d'une manière ou d'une autre. La carte nous dit que nous n'avons pas la liberté d'agir dans certains cas.

Comme atout

Le fouet corrige et la faux coupe, et vous pouvez symboliquement utiliser ces outils à votre avantage. Vous pouvez facilement corriger ce qui doit l'être, couper ce qui ne vous sert plus et vous adapter à de nouveaux cycles, lorsque vos objectifs prennent une direction différente.

Comme problème

Fatalité montre des difficultés à s'adapter aux fluctuations et aux transformations. Vous pourriez avoir des difficultés à réagir face à ces changements, ou simplement être réticent, vous mettant dans une situation qui pourrait vous bloquer et vous empêcher de poursuivre vos objectifs.

Comme conseil

Fatalité suggère que vous devriez réfléchir à ce que vous voulez réaliser et à ses conséquences. Vous devez penser à ce qui doit être bloqué ou supprimé, aux actions à entreprendre pour corriger ce qui se passe afin d'avancer dans la bonne direction. Vous devrez peut-être également reconsidérer la validité de ce que vous souhaitez, car vous souhaiterez peut-être changer de direction ou même ne pas aller plus loin vers les objectifs que vous avez définis précédemment.

Comme évolution

Avant toute chose, Fatalité parle de cycles, de fins inévitables. En conséquence, vous pourriez vous attendre à ce que vos projets changent de direction, se développent différemment ou soient supprimés. Votre adaptation aux changements sera très importante afin de rester concentré sur votre objectif.

Comme résultat

La carte montre la fin d'un cycle, quelque chose est terminé. Ainsi, outre la notion restrictive de Saturne, il est difficile d'entrevoir un quelconque succès lorsque Fatalité exprime un résultat. Par exemple, attendez-vous à ce que votre emploi actuel soit supprimé ou profondément transformé, ou que votre relation prenne fin.

49 - La Grâce

"Faveur accordée à quelqu'un pour lui être agréable.
Remise de tout ou partie de la peine d'un condamné ou
commutation de cette peine en une peine moins forte.
Don ou secours surnaturel que Dieu accorde aux hommes pour
leur salut."

Mots-clés: bénédiction, générosité, protection spirituelle, faveur, absolution.

Une colombe, ailes déployées, descend du ciel vers la terre, elle vole dans un triangle de lumière.

Les colombes ont toujours été associées à des symboles de paix, de spiritualité et d'espoir. La colombe a également été associée à la Bible, ce qui semble important en raison du triangle qui l'entoure. Dans l'Ancien Testament, une colombe était un symbole de réconciliation, de pardon et de paix. Dans le livre de la Genèse, après le déluge, une colombe revint vers Noé en tenant une feuille d'olivier. Elles apparaissent également souvent sur des banderoles et des pancartes lors d'événements promouvant la paix.

Le triangle de lumière représente la trinité, faisant référence au divin et au sacré.

Parmi toutes les cartes sous l'influence de Saturne, dont la plupart représentent des situations ou des événements difficiles, La Grâce apporte une note d'espoir par son aspect léger et spirituel.

Dans cette carte, avec la colombe volant du ciel vers la terre, la Grâce amène le divin vers des choses plus mondaines, nous donnant un sentiment d'unité et d'harmonie.

La Grâce indique qu'une intervention «divine» est toujours possible, quelle que soit la situation dans laquelle nous nous trouvons, que nous sommes capables de recevoir une faveur et, à ce titre, elle nous apporte une forme d'inspiration.

Comme atout

La Grâce met avant tout en valeur vos qualités spirituelles. Comme nous sommes toujours sous l'influence de Saturne, malgré toutes les restrictions et revers dans vos projets, vous conservez un sentiment d'espoir et d'optimisme qui vous permet de persévérer dans la direction que vous avez choisie.

Comme problème

Vous vous retrouverez confronté à des difficultés pour obtenir des faveurs ou de l'aide des autres personnes concernées, ce qui vous empêchera d'améliorer vos chances de succès. Comme vous ne bénéficiez d'aucun soutien, vous pouvez vous attendre à des retards et des obstacles dans la progression de vos projets.

Comme conseil

La Grâce est avant tout une question d'espoir. Concrètement, cela signifie que vous devez avoir confiance en vos projets, même s'ils ne semblent pas avancer ou s'ils semblent se détériorer. La Grâce vous dit de continuer contre toute attente, vous obtiendrez au minimum une expérience significative avec ce que vous entreprenez, qui vous permettra très probablement de transformer vos projets et de les faire avancer dans la bonne direction.

Comme évolution

La Grâce agit comme une protection, car elle vous dit d'abord de toujours garder l'espoir. Ainsi, même si vos projets semblent prendre une direction insatisfaisante, des sentiments de protection et de bénédiction prévalent toujours. Il y a toujours la lumière au bout du tunnel, peut-être dans un contexte de douleur et de difficultés, mais avec quelques efforts, quelque chose arrivera quand même à se réaliser.

Comme résultat

La Grace montre une conclusion heureuse à la situation dans laquelle vous vous trouvez, qui peut être considérée comme un succès, grâce à l'aide ou au soutien extérieur que vous avez reçu. Avec La Grâce, il y a toujours quelque chose qui semble providentiel dans ce qui s'est passé, et qui permet de résoudre vos problèmes ou d'arranger votre situation. Parmi toutes les cartes défavorables de Saturne, La Grâce est celle qui vous donne une lueur d'espoir.

50 - Ruine

"Processus de dégradation, d'écroulement d'une construction, pouvant aboutir à sa destruction complète ; état d'un bâtiment qui se délabre, s'écroule.
Désagrégation, destruction progressive de quelque chose, qui aboutit à sa disparition, à sa perte.
État de quelqu'un, d'un groupe qui a perdu tous ses biens, tout son avoir."

Mots-clés: ancien, démodé, dépassé, effondrement, destruction, débâcle.

Une tour s'effondre, le sommet se sépare de la base, de nombreuses pierres tombent. Visuellement, cette carte nous rappelle la carte Accident (38), où se trouve également une tour dont le sommet s'effondre. La différence principale entre les deux cartes, c'est que dans Ruine, on perd la soudaineté représentée par la foudre. Dans Ruine, le sommet s'effondre sous l'effet du temps. À cet égard, Ruine peut également nous rappeler la carte Les Pénates (16), et ce qui peut arriver lorsque nous n'agissons pas et laissons le temps dégrader ce qui était autrefois en bon état.

Symboliquement, les tours représentent une image de réussite, de force et de pouvoir. Mais toutes ces qualités ont été mises à l'épreuve par les influences saturniennes de la restriction et surtout du temps qui passe. Et avec le temps, la construction est devenue moins solide, au point de commencer à se dégrader suffisamment pour perdre sa structure. Ce qui reste n'est que le vestige d'un passé glorieux.

Ruine, bien sûr, peut littéralement montrer des bâtiments et des constructions qui se sont effondrés ou qui sont au moins partiellement détruits. Mais si nous adoptons un point de vue plus symbolique, Ruine n'est pas de bon augure pour nos projets, car elle montre le passage inéluctable du temps qui peut aboutir à quelque chose qui était autrefois solide et qui devient fragile ou détruit. Pensez par exemple à un excellent travail devenu obsolète ou à un mariage autrefois heureux où ne subsistent que des difficultés.

En général, Ruine montrera une situation qui se détériore avec le temps.

Comme atout

La seule chose que vous pouvez faire, c'est de lâcher prise et de ne plus investir de ressources dans quelque chose qui ne vous sert plus, le laissant se dégrader avec le temps.

Comme problème

Vous vous retrouvez dans une situation très difficile en raison de problèmes passés. Il peut s'agir, par exemple, de problèmes antérieurs dans une relation qui se répercutent dans le présent, de mauvaises décisions dans votre travail ou de dettes du passé non encore payées. Quoi qu'il en soit, vous traînez un passé douloureux au point de dégrader votre situation présente.

Comme conseil

Vous ne pouvez pas faire grand-chose. Prenez un peu la même attitude que celle que vous auriez dans la carte Stérilité (47), limitez juste vos efforts au strict minimum, attendez, il y aura peut-être un meilleur moment plus tard. La situation étant déjà très dégradée, il vaut mieux éviter de nouveaux problèmes. La difficulté est que si l'on veut persévérer ce qu'on a, il faudra constamment essayer de réparer certains aspects, mais sans beaucoup d'espoir de revenir à quelque chose de solide.

Comme évolution

Ruine montrera une désintégration lente de la situation dans laquelle vous vous trouvez. Quel que soit l'état de votre projet au moment où vous posez votre question, vous pouvez vous attendre à une diminution progressive. Si nous prenons l'image d'une tour, dont le sommet s'effondre d'abord, votre situation suivra la même direction, avec pour commencer des choses superficielles qui s'effondreront, puis des éléments plus substantiels.

Comme résultat

Ruine n'augure rien de bon pour vos projets, car elle montre l'effet du temps qui désintègre tout au fil de son passage. Au maximum, tout ce à quoi on peut s'attendre, c'est peut-être dans certains cas le maintien de certaines fondations, mais pas grand-chose de plus.

51 - Retard

"Action, fait d'arriver trop tard, de faire quelque chose plus tard qu'il ne faudrait.
Fait de fonctionner moins vite que la normale."

Mots-clés: lenteur, attente, revers, ralentissement, imprévu.

Une roue est coincée entre deux falaises. La roue rappelle la carte Le Hazard (44), sauf qu'elle a perdu ses ailes et qu'il n'y a pas de couronne. Tous les artefacts capables d'aider cette roue à bouger ou de permettre de prendre une décision ont été supprimés. Tous ces éléments correspondent bien aux planètes associées, puisque l'expansion de Jupiter a été remplacée par les restrictions de Saturne.

Dans Retard, l'ambiance est statique, la roue est immobile, incapable de bouger sans lui fournir un effort colossal ou sans une intervention extérieure.

Comme nous l'avons vu plus tôt, les roues sont importantes car elles permettent le mouvement et à quelque chose de se déplacer rapidement. Ainsi, avec la roue bloquée,

Retard montre des situations où l'on rencontre des obstacles qui nous ralentissent considérablement. Cela peut être dû à un événement imprévu, à la faute du consultant ou à toute circonstance indépendante de sa volonté. Le résultat est tel qu'il faudra du temps pour tenter de débloquer ce qui stagne et faire avancer notre situation, nous mettant dans une position où nous ne pourrons peut-être pas atteindre nos objectifs.

Comme atout

Cela peut sembler étrange, mais comme atout, nous devons chercher comment nous pouvons mettre en œuvre les difficultés représentées par Retard à notre avantage. Ce qui joue le plus en notre faveur, c'est que nous sommes capables de ralentir ou de bloquer la situation dans laquelle nous sommes impliqués. Retarder l'évolution de quelque chose nous permettra d'avoir le temps de mieux l'évaluer et éventuellement de préparer des contre-mesures, ou simplement de s'éloigner de problèmes trop difficiles à gérer.

Comme problème

Retard évoque la lenteur qui se produit autour d'une situation et comment elle peut devenir problématique. Vous devrez faire face aux conséquences d'avoir eu besoin de plus de temps que prévu pour atteindre vos objectifs. Vous êtes confronté à des événements qui doivent se développer rapidement, mais qui font face à revers après revers, mettant en péril le résultat final.

Comme conseil

Prenez votre temps, ralentissez le rythme de ce qui se passe. La patience est primordiale, il vaudrait mieux de retirer toute forme d'impulsivité de l'équation, il y a des situations où tout se développe mieux lorsque la progression est lente.

Comme évolution

Il ne se passe pas grand chose, tout ralentit, voire s'arrête. Vous pourriez être confronté à des obstacles imprévus ou à des fardeaux difficiles à résoudre. Ces problèmes peuvent prendre beaucoup de temps et nécessiter beaucoup d'énergie pour les résoudre.

Comme résultat

Retard montre très bien les aspects restrictifs de Saturne, puisqu'il annonce des retards, une lenteur qui pourrait même conduire à ce que rien ne se passe pendant une période assez longue. Il est difficile dans ces conditions de prévoir quelles seront les conséquences à long terme des retards constatés, mais ils ne laissent pas présager une issue favorable. Au contraire, vous pourriez vous attendre à vous retrouver dans une impasse ou une situation qui nécessitera plus d'efforts pour obtenir un résultat plaisant.

52 - Cloître

*"Primitivement, enclos des religieux ou des religieuses.
Préau-galerie couvert, encadrant la cour centrale du monastère.
Type de jardin entouré d'allées d'arbres taillés de façon à former
des voûtes."*

Mots-clés: isolement, solitude, renoncement, monastère,
grille, clôture.

Une entrée étroite est fermée par une herse. N'oublions
pas qu'à l'origine une herse était une porte à fermeture
verticale que l'on trouvait généralement dans les châteaux et
fortifications médiévales. Elle était constitué d'une grille en
treillis, souvent en métal. À lui seul, cet élément nous signale
déjà un lieu fermé au plus grand nombre. Il peut être vu,
selon le côté où l'on se place, comme une protection pour les
personnes enfermées, ou comme une porte interdisant toute
intrusion.

Comme on peut le constater, sa fonction principale est
d'avoir une division permettant de séparer un groupe de

personnes relativement restreint d'un plus grand. Et le mot «cloître» nous donne une définition similaire, car il nous parle d'un lieu isolé, comme un monastère, où les gens peuvent prier ou méditer.

En rassemblant tous ces éléments, Cloître nous montre un endroit où nous pouvons nous retirer du monde, nous isoler et nous abriter dans un environnement propice à la réflexion et à la méditation.

Par contre, il y a un aspect de Cloître qui peut être moins propice. Si l'on ajoute les énergies de Saturne, essentiellement la restriction et le temps qui passe, cela peut signifier que nous nous retrouvons placés dans un environnement où nous nous fermons aux autres, isolés et probablement tellement seuls que cela devient problématique.

N'oublions pas non plus qu'un cloître c'est ainsi qu'on appelle un monastère, et à ce titre, il peut représenter des lieux de culte, voire des lieux et monuments historiques.

Comme atout

Une de vos grandes qualités est que vous êtes capable de vous sortir du brouhaha qui entoure vos problèmes. Cela vous permet de prendre le temps nécessaire pour vous isoler et réfléchir à ce qui se passe.

Comme problème

L'isolement et une attitude d'enfermement jouent contre vous. Votre situation peut nécessiter de communiquer avec d'autres et de vous ouvrir davantage sur ce qui se passe autour de vous, mais votre attitude est tout le contraire, vous fermez symboliquement la herse au lieu de l'ouvrir, ce qui nuit à vos chances de succès.

Comme conseil

Semblable à la carte Retard (49), le meilleur conseil serait de prendre le temps de méditer et de réfléchir seul à ce qui se passe. A la limite, partir en retraite ou dans un lieu se trouvant en dehors de tous les bruits du quotidien serait bénéfique au bien-être de vos projets. La principale différence avec Retard, c'est que dans Cloître, il n'y a aucun obstacle à considérer, le retrait de la vie normale est volontaire.

Comme évolution

Cloître ne montre pas vraiment une évolution active, mais plutôt une direction vers l'isolement et même une pause. La carte exprime davantage un moment où l'on s'isole pour réfléchir à sa situation et comment la faire évoluer plutôt que d'agir.

Comme résultat

Si le résultat escompté évoque un isolement ou des restrictions par rapport à la vie ordinaire, Cloître serait un succès. Pour tous les autres cas, la carte est trop restrictive pour montrer une situation qui se concrétise. Il s'agit plutôt de cas où l'on se ferme aux autres.

Section 3

L'art d'Interpréter

*Les tirages représentent
la grammaire liant
tout ensemble.*

Introduction

Si nous pensons aux techniques que nous pouvons utiliser, l'interprétation de l'oracle Belline est assez similaire à celle du tarot. Bien sûr, les cartes ne se ressemblent pas et leurs significations sont différentes, mais cela ne signifie pas que nous devons utiliser une approche totalement opposée lors de leur lecture. Nous pouvons certainement utiliser les mêmes stratégies lorsqu'il s'agit de poser une question ou de savoir quel type de tirage utiliser.

Il existe des centaines de tirages disponibles, certains spécialisés dans différents domaines, comme par exemple sur l'amour, le travail ou tout autre sujet. Il existe même des livres complets consacrés aux tirages et à la manière d'en construire un.

C'est certainement une approche intéressante, que vous pouvez utiliser avec ces cartes. À la fin de cette section, j'explique d'ailleurs une technique similaire sur la façon de répondre à une question avec une seule carte. Mais à mon avis, il est préférable d'utiliser juste quelques tirages, et de bien les connaître. D'après mon expérience, toujours utiliser les mêmes tirages augmentera votre confiance en eux ainsi que votre dextérité.

Dans cette optique, un bon tirage doit être suffisamment polyvalent et flexible pour être utile dans de nombreuses situations et domaines différents. En utilisant le même tirage encore et encore, vous développerez un lien particulier avec celui-ci, et connaîtrez les raccourcis qui le rendront plus efficace lors de votre interprétation.

Vous trouverez dans cette section les trois tirages que j'utilise le plus: le tirage conseil, le tirage en croix et le tirage instantané. Le tirage conseil est utilisé pour déterminer comment une personne doit se comporter face à un problème particulier. Le tirage en croix vous permet d'analyser presque n'importe quelle situation en détail. Le tirage instantané est utilisé pour une lecture générale et pour déterminer rapidement quels aspects de la vie du consultant posent problème. Ceux-ci peuvent ensuite être examinés avec l'un des autres tirages. Finalement, une question, une carte, vous montrera comment répondre rapidement et efficacement à une question simple.

Utilisées ensemble lors d'une consultation, ces techniques vous permettront de répondre à toutes les questions que quelqu'un pourrait poser. Au fil des années, j'ai testé ces tirages des milliers de fois et je les ai toujours trouvés extrêmement fiables. Au fil du temps, ils sont devenus la pierre angulaire de ma pratique divinatoire avec cet oracle.

Mais avant même de parler de tirages et de faire des interprétations, commençons cette section par quelques aspects très importants: comment poser une bonne question, et comment mélanger et placer les cartes. Je donnerai également mon avis sur les cartes inversées et pourquoi je ne les utilise pas.

Il y a un aspect que je ne désire pas aborder dans ce livre, ce sont les rituels. La façon dont vous rangez vos cartes, comment les nettoyer, écouter de la musique ou pas pendant une lecture, etc... est laissée à chaque lecteur et à ses propres convictions. Je dirai simplement que quoi que vous fassiez, tout est valable.

La Question

L'un des éléments les plus importants et souvent négligé dans une consultation est la question. Cela semble évident, mais il n'y aurait pas de séance de divination si aucune question n'était posée. Ou, comme je l'ai entendu dire à plusieurs reprises, si vous voulez de meilleures réponses, posez de meilleures questions.

Une bonne question doit être ouverte, précise et claire dans son intention, afin de fournir une réponse significative. Pour y parvenir, vous devez établir un bon dialogue avec votre consultant, être curieux et avoir une discussion franche sur ce qu'il ou elle veut vraiment savoir. Pour interpréter, vous avez besoin au minimum d'une idée générale du sujet pour votre session. Savoir poser les bonnes questions est essentiel pour offrir le meilleur service possible à vos clients.

La tâche n'est pas toujours facile, mais quelques principes simples peuvent vous aider.

Utilisez des termes positifs.

Essayez toujours d'éviter des termes négatifs. Vos questions vont y gagner à être toujours reformulées de manière positive.

Par exemple, ne demandez pas si votre partenaire va partir, mais plutôt comment va évoluer votre relation avec lui ou elle. Ou n'essayez pas de savoir si vous allez être licencié au boulot. A la place, vous voudrez peut-être regarder comment votre travail dans votre entreprise actuelle évoluera. De cette façon, vous saurez non seulement si vous restez ou si vous partez, mais également les circonstances qui accompagnent la problématique.

Le difficulté des questions négatives est principalement liée à la manière dont nous associons les cartes favorables ou défavorables. Si l'on considère la question comme «un projet» que vous posez à votre oracle, une carte favorable annonce-t-elle un succès par exemple dans votre relation ou travail, ou une réussite du projet sur lequel vous posez la question?

Par exemple, si vous demandez si vous allez perdre votre emploi, la carte Réussite (5) vous annonce-t-elle que vous conservez votre emploi, ou que le projet de le perdre va aboutir? Même idée concernant le fait de quitter votre partenaire. La même carte Réussite annonce-t-elle un succès et donc une réconciliation pour le couple, ou la réussite du projet de séparation du couple?

Les questions posées de façon négative conduisent presque toujours à des réponses ambiguës.

Demandez une question ouverte au lieu de oui ou non.

Une question oui/non vous dira si quelque chose va arriver ou pas, et rien de plus. Cela signifie que vous devez utiliser vos cartes avec une convention différente de celle que vous les utilisez habituellement. Afin d'obtenir une réponse valide, vous devrez associer chaque carte à un résultat positif ou négatif et utiliser cette option comme réponse.

Cette façon de procéder n'est pas très utile car elle ne donne pas beaucoup d'informations à votre consultant. Vous n'obtiendrez pas plus de précision que si vous utilisez un pendule ou en lançant une pièce de monnaie en l'air. Vous perdriez des informations précieuses que vos cartes peuvent vous fournir.

Si au contraire vous demandez l'évolution d'une situation, vous obtiendrez beaucoup plus d'informations sur ce qui se passe en plus de pouvoir répondre si oui ou non ce que vous demandez va se produire.

Demandez par exemple comment se déroulera votre entretien, au lieu de savoir si vous obtiendrez le travail oui ou non, ou comment évoluera votre relation.

Posez une question simple avec une seule option.

Il semble évident que faire un tirage devrait répondre à une seule question. Les questions multiples, ou les questions avec plusieurs options, doivent être traitées en effectuant un tirage différent pour chacune d'entre elles.

Par exemple, ne demandez pas si vous allez déménager à Paris ou à Lyon. Demandez plutôt aux cartes de vous montrer ce que vous devez savoir si vous déménagez à Paris. Demandez ensuite ce que vous devez savoir si vous déménagez à Lyon. Finalement, vous pouvez également demander ce que vous devriez savoir si vous déménagez ailleurs et, comme ultime option, ce qui se passerait si vous ne déménagez pas. Poser davantage de questions, chacune ciblée sur une option simple, vous donnera non seulement des informations plus significatives, mais également une vision plus globale de votre situation.

Pour prendre un autre exemple, ne demandez pas si votre ex reviendra et si alors vous allez être heureux ensemble. Ce sont deux questions différentes, la seconde dépendant entièrement de la première. Il serait préférable de demander d'abord comment votre situation va évoluer avec votre ex. Et s'il semble que vous allez vous remettre ensemble, demandez ensuite comment vont évoluer vos sentiments pour votre ex.

Posez de préférence une question sur quelqu'un, pas sur quelque chose.

Les objets sont statiques, ils ne bougent pas, alors que les gens font des actions.

Dans cette optique, il est toujours préférable de poser des questions sur quelqu'un plutôt que sur quelque chose.

Prenons l'exemple d'une relation. Il est bien sûr intéressant de se demander comment va évoluer la relation, car cela peut donner une idée générale de ce qui se passe autour du couple. Mais une relation évoluant de manière durable et positive ne veut pas spécialement dire que les deux partenaires seront heureux, et pourtant c'est le genre d'information qui serait très utile à votre consultant.

Il existe de nombreux cas où l'un des partenaires se sent épanoui tandis que l'autre se sent négligé. Dans un tel cas, il serait bénéfique pour votre consultant de faire plusieurs tirages, d'abord un pour la relation elle-même car cela permettra de se faire une idée générale, et ensuite un pour chaque partenaire afin de savoir ce qu'ils ressentiront dans la relation. Effectivement une relation dans laquelle votre consultant se sent mal et opprimé est le genre d'information bien utile à savoir, plutôt que juste demander ce que devient la relation en tant qu'entité.

Ou disons que vous aimeriez vendre une maison. Quoi qu'il arrive, la maison restera statique et ne fera rien par elle-même. En réalité, il y a plusieurs acteurs qui peuvent agir. D'abord vous-même en tant que vendeur, ensuite éventuellement un agent immobilier, des acheteurs potentiels, qui auront probablement besoin d'un prêt et pourraient aussi avoir leur propre agent immobilier. Il y a beaucoup de personnes qui agiront chacune dans leur propre intérêt. Une meilleure interprétation serait de commencer par vous demander ce que vous devriez faire pour améliorer vos chances de vendre votre maison, dans votre meilleur intérêt. Ensuite, vous pourriez réfléchir à la manière d'attirer plus d'acheteurs, etc...

Evitez les termes vagues et subjectifs.

Vous devriez proscrire les termes vagues et subjectifs de vos questions, car ils peuvent avoir des significations différentes selon les personnes. Par exemple, votre consultant pourrait vous demander dans combien de temps il obtiendra un nouvel emploi, et un terme tel que «bientôt» pourrait signifier pour lui quelques semaines alors que vous pensez en mois. Ou si votre consultant vous demande comment obtenir un emploi avec un salaire décent, que signifie «décent»? Différentes personnes auront des opinions différentes sur ces termes.

Vous devriez définir des termes plus précis en posant vos questions. Pour ces exemples, vous pourriez demander par exemple comment la recherche d'un nouvel emploi va évoluer dans les 8 prochaines semaines, ou dans toute période sur laquelle vous vous serez tous les deux mis d'accord. Ou remplacez le salaire «décent» par «X euros ou plus», en fixant un montant minimum que le demandeur trouve satisfaisant.

Posez autant de questions que nécessaire.

Répondre aux préoccupations de votre consultant est rarement possible si vous essayez d'utiliser un seul tirage et de répondre à une seule question, même si celle-ci est bien formulée. La plupart du temps, votre interlocuteur viendra vous voir pour un problème complexe, et il est souvent préférable de diviser ses préoccupations en questions plus simples, ce qui vous permettra de donner une bien meilleure réponse globale.

Comme vous le verrez, de nombreux sujets liés aux relations, au travail ou autres domaines, mèneront à de nombreuses sous-questions une fois le problème principal traité. Par exemple, une relation évoluant dans le cadre d'une séparation peut entraîner une série de préoccupations supplémentaires, telles que les actifs financiers, le déménagement d'un des partenaires, les enfants, etc... Et tous ces aspect méritent une réponse.

Mélanger et Poser les Cartes

Il existe de nombreuses façons différentes de mélanger et de disposer les cartes sur la table. Les trois principales méthodes de mélange connues sont :

- Mélange dit "Américain" - c'est une technique classique qui est par exemple utilisée dans les casinos et autour des cercles de bridge, car elle est censée être un très bon moyen de randomiser un jeu de cartes. Le principe de base est que vous séparez votre jeu en deux piles contenant à peu près le même nombre de cartes, et en les rapprochant l'une de l'autre, vous laissez les cartes s'intercaler. Si vous n'avez jamais entendu parler de cette méthode, il existe de nombreuses vidéos sur internet qui peuvent vous aider à l'apprendre.

- Mélange par dessus - c'est certainement le moyen le plus simple de mélanger un jeu de cartes de manière efficace. Il est également très populaire car, comparé au mélange dit Américain, il est beaucoup plus simple à exécuter pour la plupart des gens. Cette façon de mélanger s'effectue en tenant le jeu face cachée dans une main, puis en faisant glisser quelques cartes du haut du jeu vers l'autre main, en répétant l'opération jusqu'à ce que tout le jeu soit transféré.

- Mélanger sur la table - il ne s'agit pas d'un mélange en soi, mais d'un moyen simple de randomiser vos cartes. Il vous suffit de poser toutes vos cartes sur la table et de les déplacer avec vos deux mains de manière chaotique. Une fois terminé, il vous suffit de les remettre en tas et de reformer votre jeu.

Lorsqu'on débute dans la divination, il est normal de se sentir perdu et de ne pas savoir quelle méthode utiliser. Comme pour tout autre rituel, la meilleure façon de procéder est de les essayer toutes, puis de choisir celle qui, selon vous, vous convient le mieux. Elles sont toutes valables, il suffit de décider à un moment donné quelle méthode vous préférez et de vous y tenir. Créer des habitudes et utiliser toujours la même routine augmentera votre confiance dans le processus.

La prochaine étape consiste à ce que certains appellent couper le jeu. Certaines personnes regardent même les cartes générées au cours de ce processus, en observant la carte au milieu du paquet révélée lors de la coupe, et la carte du bas. Pour ces praticiens, les deux cartes montrées par la coupe indiquent l'état d'esprit du consultant concernant sa question. Bien que de nombreux cartomanciens le fassent, personnellement, je n'ai jamais trouvé ce processus utile dans mes interprétations. Je préfère passer directement au tirage avec des positions bien définies qui ont été décidées à l'avance.

Il existe également différentes méthodes pour prendre les cartes et les disposer aux endroits prédéfinis du tirage. Comme lors du mélange des cartes, elles fonctionnent toutes correctement et différents cartomanciens utilisent différentes techniques. Les deux principales sont de prendre les cartes depuis le dessus du paquet ou de d'étaler les cartes sur la table et de les sélectionner au hasard.

La façon dont je travaille, après de nombreuses années de pratique, consiste à mélanger les cartes par dessus, à étaler le jeu et à choisir au hasard les cartes dont j'ai besoin. La raison principale pour laquelle je fais le mélange par dessus est que, même après toutes ces années et des milliers de mélanges, je n'ai jamais maîtrisé correctement l'art du mélange dit Américain. Une autre raison est que le fait de plier les cartes lors d'un mélange dit Américain peut, avec le temps, les endommager.

A propos du mélange, il reste un dernier point, souvent demandé par les débutants. Qui doit battre les cartes, le consultant ou le cartomancien?

Au fil du temps, j'ai essayé les deux méthodes, et elles fonctionnent toutes les deux de manière équivalente. Je n'ai jamais vu de différence dans la précision de mes tirages lorsque j'utilise une méthode par rapport à l'autre.

Ma façon de procéder est de mélanger les cartes moi-même, et ceci pour deux raisons principales. Premièrement, je fais beaucoup de consultations en vidéo et dans ce cas, je suis la seule personne physiquement présente pour le faire. Deuxièmement, la plupart des consultants, lorsqu'ils viennent nous voir pour une consultation, sont nerveux et ont du mal à mélanger les cartes correctement. Les laisser faire peut souvent entraîner des pliages de cartes ou carrément leur chute vers le sol.

Cartes à l'Envers

Une question que je vois beaucoup de la part de mes étudiants et qui est inévitablement posée par les jeunes cartomanciens est de savoir si il faut utiliser des cartes à l'envers ou pas. J'entends par là les cartes qui tombent inversées et qui sont interprétées de cette façon lors d'une lecture. C'est une question légitime, qui divise le monde de la cartomancie depuis très longtemps.

Personnellement, je ne les utilise pas dans ma pratique. Si par hasard une carte apparaît inversée, je la retourne simplement pour la remettre à l'endroit. Je vous conseille fortement d'agir de la même manière et de ne pas utiliser de cartes inversées, pour de nombreuses raisons que nous allons examiner en détail.

• De nombreux jeux n'ont pas un dos symétrique. Même le

motif des étoiles sur le dos de l'oracle Belline original ne l'est pas. Avec un peu d'expérience et un bon œil, en étalant les cartes, vous pourrez voir celles qui sont à l'endroit, et celles qui sont inversées. Ceci, bien sûr, va à l'encontre de l'argument selon lequel une bonne sélection au hasard devrait utiliser des cartes entièrement aléatoires, car vous pouvez sélectionner le sens des cartes suivant votre bonne volonté.

- Elles doublent le nombre de significations, vos 52 cartes auront 104 significations. Cet argument peut être tentant si vous n'utilisez qu'une seule carte par question. Mais en même temps, l'oracle Belline possède à peu près le même nombre de cartes favorables et défavorables, ce qui le rend bien équilibré, même si vous n'utilisez que des cartes à l'endroit. J'aime la simplicité, pourquoi compliquer inutilement quelque chose qui fonctionne bien.

- La plupart des tirages ont des positions indiquant un aspect favorable ou défavorable d'une question. Cela complique beaucoup l'utilisation des cartes inversées, et c'est probablement le point avec lequel la plupart des cartomanciens débutants et moins débutants ont du mal. Comment interpréter une mauvaise carte inversée en position défavorable, ou comment interpréter une bonne carte inversée en position favorable? Je n'ai jamais trouvé de réponse satisfaisante à cet argument.

- Elles n'ajoutent aucune nuance. Les tirages ne sont pas une succession de lectures d'une seule carte. Lors de l'interprétation d'un tirage, vous devez prendre en compte toutes les cartes et la manière dont elles interagissent les unes avec les autres. Lorsque nous effectuons une lecture de cinq cartes avec uniquement les 52 cartes à l'endroit, nous avons déjà 311,875,200 combinaisons possibles. La nuance vient du fait de regarder comment l'ensemble s'équilibre.

- Elles me favorisent pas votre intuition. Regarder des cartes inversées et essayer de comprendre ce qu'elles signifient vous mettra sans l'ombre d'un doute en mode de réflexion mentale au lieu de laisser libre cours à votre intuition. J'ai toujours trouvé qu'interrompre constamment ce que nous voyons en passant en mode mental ne permet pas une interprétation fluide.

- Point très personnel, elles ne correspondent pas à ma philosophie. Ce point ne vaut que mon opinion bien sûr, mais je ne regarderais jamais une œuvre d'art ou une image inversée. En fait, tout ce que nous regardons dans la vie, nous le regardons à l'endroit. Je ne vois personne lire un livre ou regarder un tableau à l'envers, ou se mettre la tête en bas lorsqu'on regarde quelque chose dans la rue ou ailleurs. Dans ce cas, pourquoi devrais-je faire une exception pour l'interprétation des cartes?

Le Tirage Conseil

Le tirage conseil est très simple et vous permettra de mieux comprendre ce qui pourrait être fait à l'avenir face à une problématique particulière.

Bien évidemment, il est toujours intéressant de regarder comment une situation va évoluer, ou ce qui va se passer dans la vie du consultant. Mais comme point de départ, ou après avoir regardé l'évolution de sa demande, il est souvent utile de savoir comment agir. Dans l'optique d'une cartomancie humaniste, il est toujours important de replacer le consultant face à ses options. Donc lui permettre de prendre ses responsabilités, et de savoir comment agir ou ne pas agir dans une situation particulière, devient très important.

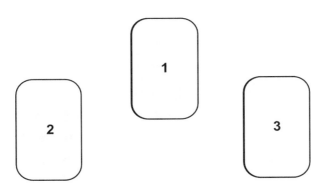

Le tirage conseil est composée de trois cartes.

- La position 1 représente les énergies auxquelles est confronté le consultant et sa situation. Cette position expliquera l'attitude du demandeur face à sa problématique, ce qu'il ressent et comment il se comporte, quel type d'énergie il dépense pour essayer d'avancer.

- La position 2 représente ce que le consultant devrait faire face à sa situation. Elle expliquera quelle est la meilleure ligne de conduite, comment le demandeur doit se comporter, quel type d'énergie il doit déployer pour atteindre son objectif.
- La position 3 représente ce que le consultant ne devrait pas faire face à sa situation. Elle expliquera quelle est la pire ligne de conduite, comment le demandeur ne doit pas se comporter, quel type d'énergie il ne doit pas déployer pour atteindre son objectif.

Lors de l'interprétation de ce tirage, il est nécessaire de regarder l'ensemble des positions (2) et (3) dans le contexte de la position (1). Ce qui est important aussi, c'est d'interpréter ces deux cartes ensemble, leur contraste étant souvent un facteur significatif. Il existe une ligne de conduire restreinte entre ce qu'il faut faire et ce qu'il ne faut pas faire, ou comment le consultant doit se comporter.

Bien sûr, ce tirage est orienté conseil et non ce qui va arriver au consultant. Effectivement, bien que les cartes montrent la meilleure façon pour lui d'agir et de ne pas agir, cela ne garantit pas que son souhait sera exaucé.

Par exemple, un consultant demandant comment agir pour obtenir un emploi ou trouver un partenaire ne garantit pas que cela se produira. Les cartes doivent être vues comme donnant des conseils sur la meilleure façon de gérer une situation particulière. Le fait que les cartes vous indiquent comment vous devez agir ou ne pas agir montre la manière la plus avantageuse de progresser, et rien de plus.

Le cas de Sophie

Sophie est responsable de la gestion d'un magasin et a des problèmes avec l'un de ses vendeurs. Elle demande comment elle devrait agir avec lui.

Avec Procès comme énergie à laquelle fait face Sophie, on voit immédiatement que l'environnement entre elle et le vendeur n'est pas très productif. Il s'agit surtout d'affrontements, de discussions, de situations où l'on croise symboliquement le fer, et qui ne conduisent pas à une situation des plus calmes, ni à une solution pacifique.

Avec Inconstance, il est conseillé à Sophie d'être assez flexible, rester figée dans sa position serait problématique. Elle doit examiner attentivement la situation et considérer son évolution, afin de pouvoir adapter rapidement sa position, elle gagnerait à réagir promptement à ce qui se passe.

Avec Pensée - Amitié dans la position de ce qu'il ne faut pas faire, elle ne devrait pas avoir une attitude décontractée dans la façon dont elle traite le vendeur, une attitude amicale ne lui sera pas bénéfique. Après tout, c'est elle qui est la responsable et elle ne doit pas hésiter à affirmer son autorité, car leur relation professionnelle n'est pas d'égal à égal.

Avoir l'esprit vif et montrer qui est le patron sont deux aspects importants qui indiquent comment elle doit agir. Elle peut s'attendre à davantage de confrontations, voire devoir confier l'affaire à une autorité supérieure ou aux ressources humaines puisque nous sommes sous l'énergie de Procès.

Bertrand obtiendra-t-il ce qu'il désire?

Bertrand envisage de vendre sa maison et a reçu une offre qu'il estime trop basse. Comment doit-il se comporter avec l'acheteur potentiel ?

Avec Découverte, Bertrand fait face à une situation dans laquelle il ne dispose pas de tous les éléments nécessaires pour prendre de bonnes décisions. Il lui manque des informations cruciales, il peut s'agir de comment réagit le marché pour le moment, ou de tout autre aspect lié à la vente qu'il n'a pas encore envisagé, ou simplement du fait qu'il ne sait pas comment évaluer correctement sa maison.

Maladie en tant de comment agir lui conseille de regarder ce qui ne semble pas en bon état dans la maison. Il peut s'agir de décoration, de problèmes de plomberie, etc. Tout ce qui ne lui semble pas correct et en bon fonctionnement devrait être corrigé.

Beauté dans ce qu'il ne faut pas faire, lui conseille de ne

pas consacrer trop de temps ou de moyens aux aspects cosmétiques de la maison.

Si l'on regarde Maladie et Beauté ensemble, les deux cartes indiqueraient qu'il ne devrait pas s'occuper trop de l'aspect esthétique, mais plutôt de ce qui ne fonctionne pas correctement. En conséquence, il devrait consacrer plus de temps et de ressources à essayer de réparer ce qui est cassé ou ne fonctionne pas comme prévu plutôt que de penser à embellir or re-décorer sa maison.

Avec Découverte comme première carte, on pourrait également lui conseiller de s'intéresser davantage à l'état du marché immobilier. Obtenir une aide extérieure, par exemple un agent immobilier, pourrait probablement l'aider à lui ouvrir les yeux sur ce qui lui manque comme information, ainsi qu'à éliminer certaines incertitudes.

Le Tirage en Croix

Il est presque impossible de parler de cartomancie ou de tarot sans évoquer l'omniprésent tirage en croix, de loin le tirage le plus utilisé par les cartomanciens francophones.

Ce tirage a été inventée par l'occultiste suisse Oswald Wirth. Il est décrit en détail dans son livre de 1927, «Le Tarot des Imagiers du Moyen-Âge».

Il est devenu depuis lors une pierre angulaire du monde de la cartomancie, au point qu'il est très difficile de trouver un livre ésotérique qui n'en fasse pas mention. Il n'est pas seulement utilisé avec le tarot, mais aussi avec tout autres systèmes de cartomancie et c'est certainement un classique avec l'oracle Belline.

Au fil des années, de nombreux auteurs ont écrit sur ce tirage, souvent en présentant leur propre version, qui dans certains cas peut être très différente de l'original, au point d'être à peine reconnaissable. Nous allons voir la version classique, suivie d'une version avec les extensions que j'y apporte.

En règle générale, lorsqu'aucun délai n'est fixé par des événements précis, vous pouvez considérer qu'un tirage en croix est valable jusqu'à 12 à 18 mois. Il n'est vraiment pas nécessaire de faire un autre tirage sur le même domaine plus fréquemment, tant que rien n'a changé dans la vie du consultant par rapport à sa question.

Le Tirage en Croix Classique

La version que je décris est aussi proche que possible de l'original, et est donc réalisée avec 5 cartes.
• La position 1 représente le consultant face à sa question. Elle montrera tous les atouts dont dispose le consultant,

ce qui est favorable à sa situation et ce qui peut l'aider à avancer de la meilleure façon possible. Il peut s'agir d'actions qu'il entreprend, ce que d'autres peuvent faire pour l'aider à avancer, ou de toute circonstance jouant en sa faveur. Quoi qu'il se passe, cette position révélera toujours des aspects positifs de la situation.

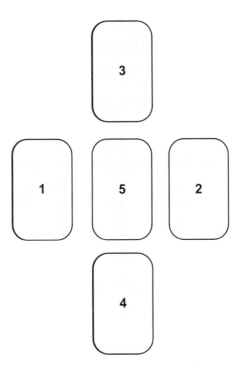

- La position 2 représente ce qui est défavorable, le type de difficultés ou de revers auxquels le consultant est confronté. Il peut s'agir d'une action entreprise par lui-même, d'autres personnes impliquées agissant contre ses intérêts, ou de toute circonstance se développant à l'encontre de ce qu'il tente d'obtenir. Quoi qu'il se passe, cette position révélera toujours ce qui va à l'encontre de ce que le consultant souhaite accomplir.

- La position 3 montre ce qui se passe dans le présent étendu, qui peut être vu comme le moment présent et un futur assez proche. Selon la question, il peut s'agir de savoir comment la situation du consultant commence à évoluer ou quels conseils pourraient lui être donnés afin de répondre au mieux à ses préoccupations. Alors que les positions (1) et (2) montrent les aspects favorables et défavorables de la situation à laquelle le demandeur est confronté, la position (3) peut être vue comme la façon dont tout ceci évolue à court terme, ainsi que quelle serait la meilleure ligne de conduite à adopter.

- La position 4 représente le résultat final, la réponse à ce que le consultant a posé comme question. Cette position peut être vue comme la suite du présent étendu, comment il se développera au cours du temps et ce qu'il deviendra en finalité. Il est toujours intéressant de comparer les positions (3) et (4), car cela montrera non seulement comment la situation évolue, mais aussi si on peut constater une amélioration ou une dégradation de la situation du consultant.

- La position 5 est la synthèse. Elle peut être interprétée de deux manières différentes. Premièrement, elle peut décrire l'attitude du consultant face à sa question, donnant déjà une indication de ce qu'il ressent face à son problème. Deuxièmement, comme la synthèse relie toutes les autres positions entre elles en un tout cohérent, elle peut être considérée comme les influences à long terme de ce qui se passe, comme par exemple si le consultant sera heureux ou non avec le résultat, et quelles seront les conséquences pour lui.

Variations de la Durée
Lorsqu'il s'agit d'une situation ayant une échéance très

courte, comme par exemple lorsque le résultat de votre question est immédiat ou très proche, les positions (3) et (4) peuvent être modifiées pour représenter respectivement le passé et le présent étendu.

Une utilisation typique de cette variante serait, par exemple, de demander ce que vous pouvez faire maintenant par rapport à une situation déjà existante. Vous verriez respectivement dans le tirage les aspects positifs et négatifs, ce qui a déjà été fait et ce qui peut être fait maintenant.

Jean aura-t-il une promotion?

Jean travaille dans le secteur de la haute technologie et on lui avait promis il y a quelque temps une promotion à un poste de responsable. Suite au silence récent de la direction concernant cette opportunité, il s'interroge sur ses chances de l'obtenir (voir le tirage page suivante).

Avec Pensée-Amitié comme ce qui joue en sa faveur, Jean est certainement considéré comme quelqu'un d'accueillant et qui peut facilement nouer des nouvelles amitiés avec les autres. Il est certainement très apprécié sur le plan humain, une qualité qui peut l'aider à obtenir un soutien pour plus tard et à trouver des personnes sur qui compter pour atteindre ses objectifs.

Union comme ce qui joue contre lui montre que Jean n'a cependant pas toujours l'esprit d'équipe. Il peut y avoir des difficultés à établir des objectifs communs pour l'équipe ou une stratégie pour les atteindre. Cette carte montre une discorde ou un dysfonctionnement dans l'équipe de Jean, et son engagement avec les autres membres pourrait être remis en question.

Il peut sembler troublant d'opposer ces deux cartes, concernant quels sont les aspects positifs et négatifs de la situation. Si nous essayons de regarder ce conflit, l'une des cartes concerne la relation avec les autres, tandis que l'autre concerne les engagements. Cela montre clairement une image où l'on peut voir que Jean peut facilement nouer des contacts et avoir une attitude charmante. Mais en même temps, son engagement envers son équipe ou ses projets est remis en question. On pourrait dire qu'il a les qualités humaines nécessaires pour diriger et devenir responsable, mais il manque de fiabilité par rapport aux résultats et aux attentes de l'entreprise.

Si nous regardons le présent étendu, avec La Paix, l'atmosphère est sereine et il ne se passe pas grand-chose. Il y a une sorte d'accord tacite où tout reste dans une ambiance calme en attendant de voir ce qui va se passer au fil du temps. En même temps, comme nous l'avons vu avec les deux premières cartes, il existe un conflit latent entre les deux attitudes qui pourrait facilement avoir un impact sur la situation actuelle. En conséquence, maintenir la paix n'est peut-être pas facile et il est conseillé à Jean de faire profil bas et d'essayer de faire certains compromis pour l'avenir.

Cela mène directement à Découverte, il n'est pas encore prêt pour obtenir pour sa promotion, il y a des choses dont il doit d'abord être conscient, et certainement un plan de développement sur la façon de procéder est nécessaire, pour qu'il puisse remédier aux problèmes que nous avons vu plus tôt.

Présents, au final, montre que les actions suggérées dans Découverte seront couronnées de succès, Jean obtiendra sa promotion, mais plus tard que prévu, après l'achèvement du plan de développement.

Si l'on regarde les planètes pour en savoir un peu plus, deux cartes sous l'influence du Soleil montrent que le succès est tout à fait possible, surtout avec l'une d'elles comme résultat final. Deux cartes influencées par Vénus montrent à quel point les relations et contacts avec les autres sont importants. Et enfin une carte liée à la Lune montre à quel point la situation est incertaine au départ, et qu'il va devoir résoudre certains aspects qui n'étaient pas clairs.

Susanne va-t-elle trouver le bonheur?

Susanne a 37 ans, mariée depuis 12 ans et mère de 2 enfants. Ayant des problèmes conjugaux, elle vient de rencontrer quelqu'un d'autre au travail et se demande comment va évoluer leur relation.

Cela peut sembler étrange d'obtenir une carte comme Trahison dans ce qui est favorable à Suzanne, mais n'oublions pas la question, qui concerne le fait d'avoir une liaison extra conjugale. Et dans ce cas, la première carte ne fait que souligner le fait que son mariage est confronté à des difficultés et que dans ce cas, tester le terrain en dehors de son mariage pourrait représenter une expérience favorable pour elle. Elle devrait d'abord penser à elle-même et cacher à son mari ce qui se passe.

Présents en position 2 est plus problématique, car la carte laisse entendre qu'elle ne recevra pas beaucoup de soutien et qu'il ne lui sera pas facile de voir son amant. En effet, elle ne peut compter que sur elle-même, et peut-être aussi est-il moins engagé qu'elle ne le pense, il n'est peut-être pas prêt à faire évoluer leur relation vers quelque chose de plus sérieux, considérant Susanne comme une aventure sans plus.

Avec Changement comme présent étendu, nous voyons une période d'incertitude, où il n'est pas possible d'essayer de trouver une certaine stabilité dans la relation entre les deux amants. Comme indiqué précédemment, avec Présents comme aspect défavorable, il pourrait y avoir une réticence à faire fructifier cette opportunité et à vouloir une évolution positive de la relation cachée.

Comme le montre la synthèse avec Feu, ce qui arrive avec son amant était d'abord une question de satisfaire des besoins primaires, et pas vraiment d'amour mais plutôt un feu brûlant entre eux à cause de l'attirance physique. C'est devenu intense, mais avec les cartes environnantes, il n'y a rien pour entretenir ce feu. Comme Changement en faisait allusion, cela ne durera pas, la relation ne deviendra pas suffisamment stable pour être soutenue, et le résultat des Pénates montre qu'elle va se renfermer sur elle-même et un retour vers la vie familiale. Il semble effectivement que le feu trouvé dans la synthèse va s'éteindre rapidement.

Les deux cartes influencées par la Lune montrent tellement d'incertitudes que ce n'est probablement pas une bonne idée pour elle de passer à l'étape suivante avec son amoureux, surtout avec l'une de ces cartes lunaires comme résultat. Mais lorsqu'on regarde un tirage, il est souvent aussi important de prêter attention à ce qui n'est pas présent. Et ce que nous voyons dans ce tirage, c'est qu'aucune carte n'est sous l'influence de Vénus, qui montrerait de vrais sentiments ou de l'amour. Cela confirme l'énergie de Mars que l'on retrouve en synthèse, énergie forte mais qui ne dure pas.

Une Version Etendue

Il y a deux domaines qui peuvent prêter à confusion dans un tirage en croix. Mon expérience, après avoir utilisé ce tirage pendant de nombreuses années et effectué des milliers de lectures, m'a montré que deux positions nécessitaient quelques améliorations.

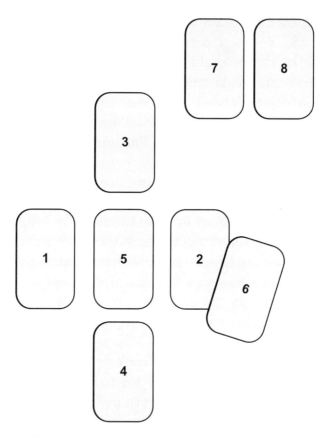

Premièrement, il semble toujours que la position la plus difficile à analyser correctement est la position (2), celle qui est défavorable. En effet, dans la pratique, s'il est toujours facile de comprendre les forces qui jouent en votre faveur, il est souvent bien plus compliqué de déterminer exactement quel peut être le problème. C'est tout à fait logique, car la plupart du temps nous connaissons très bien nos points forts, mais avons du mal à déterminer correctement nos défauts. Cela fait certainement partie de la nature humaine.

Dans le diagramme, la position (6) permet d'atténuer ce problème. Elle représente les forces et attitudes décrivant la position (2). Elle ne change pas la signification de la position (2), ce qui pose problème pour le consultant, mais explique plutôt pourquoi il rencontre des problèmes ou comment ils peuvent être mieux définis. Veuillez vous référer aux exemples ci-dessous pour voir comment nous pouvons bénéficier de cette carte supplémentaire.

Deuxièmement, je n'ai jamais aimé la dualité exprimée par la synthèse, qui peut être à la fois l'état d'esprit du demandeur face à sa question, et les conséquences à long terme.

En résultat, la façon dont je lis un tirage en croix est de toujours commencer par la position (5), la synthèse, que j'interprète comme l'attitude actuelle du consultant par rapport à sa question. C'est une position très importante car la façon dont il voit sa situation va fortement influencer son comportement. Un consultant ayant par exemple une attitude très positive minimisera les problèmes, tandis qu'un autre très pessimiste mettra l'accent sur les difficultés. Savoir comment est leur attitude face à leur question vous aidera grandement à naviguer dans le tirage et à concentrer votre attention sur certaines parties.

Les positions (7) et (8) sont ce que j'appelle les conséquences à long terme. Elles expliquent quelles seront les conséquences de la réponse sur la vie du consultant à plus long terme. En tant que telles, ces deux positions deviennent la suite logique de la position (4).

Par exemple, le demandeur pourrait ne pas obtenir l'emploi qu'il souhaite réellement, mais à long terme, il pourrait se rendre compte qu'une autre opportunité serait meilleure pour lui, ou que les déplacements domicile-travail deviennent trop pénibles et ont un impact sur sa relation conjugale. Ou autre exemple, le partenaire pourrait revenir, et les mêmes problèmes qu'avant se reproduiraient après un certain temps, mettant notre consultant dans une situation très difficile.

J'aime tirer deux cartes pour cette position au lieu d'une, car elles ont un impact très important sur la vie du consultant. Je mélange généralement les définitions des deux cartes pour arriver à une conclusion.

Reprenons les deux exemples précédents.

La promotion de Jean

La Renommée en position 6 explique très bien pourquoi Jean ne recevra pas sa promotion dans un avenir proche, il n'a pas assez de reconnaissance de la part de ses pairs. Comme nous l'avons vu, il n'a pas vraiment l'esprit d'équipe et son manque d'engagement envers ses collègues nuit à ses chances. En conséquence, certaines personnes de son entourage et ses responsables n'estiment pas qu'il est suffisamment capable d'obtenir ces responsabilités supplémentaires, il ne bénéficie pas du soutien nécessaire.

À long terme, quelque chose va d'abord ralentir sa carrière. Même s'il est promu, comme nous l'avons vu, le fait qu'il ait été inscrit dans un plan de développement était certainement un mauvais signe, et aura des conséquences sur l'éventuelle évolution future de sa carrière.

Retard suivi par Entreprises montrent qu'il ne parvient pas à réaliser complètement ses ambitions. Même si Entreprises montre une évolution au niveau carrière, elle

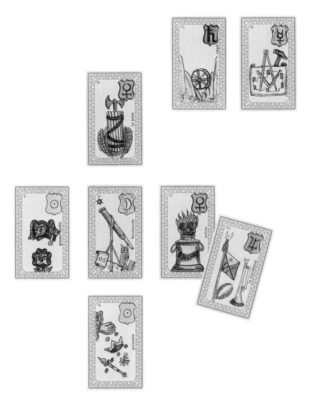

sera plus lente que ce à quoi il s'attend. Il va certainement être bloqué de toute autre promotion pendant longtemps.

La situation maritale de Susanne

Comme nous l'avons fait avec l'exemple précédent, nous ne reviendrons pas sur l'ensemble de l'interprétation, nous ajouterons simplement ce qui est fourni par les cartes supplémentaires.

En regardant la position (6), nous obtenons Infortune. Ainsi, même si c'était dans son avantage de tester les eaux en dehors de son mariage comme l'indiquait Trahison, elle a certainement des sentiments de culpabilité en le faisant. Elle sent que la situation pourrait mal tourner et la laisser dans une attitude très malheureuse. Comme nous l'avons vu avec Présents et le manque de soutien qu'elle reçoit, elle pourrait devenir complètement démoralisée et avoir du mal à quitter son mariage, estimant que cette aventure ne lui apporterait rien de mieux par rapport à ce qu'elle a déjà.

À long terme, elle fera appel à son bon jugement et avec le temps, elle comprendra beaucoup mieux ce qui s'est passé et quelles étaient ses motivations à ce moment-là. Cela lui permettra de mieux apprécier son mariage et ses enfants, l'environnement dans lequel elle vit. Comme nous l'avons vu plus tôt, Feu comme synthèse montrait que ce qui s'était passé était un moment de passion qui n'a pas duré.

Le Tirage Instantané

Le tirage instantané est un tirage que j'utilise au début d'une consultation lorsqu'il n'y a pas de question précise, ou lorsque quelqu'un désire une vue générale de leur situation. Il permet de diagnostiquer rapidement ce qui se passe dans la vie du demandeur.

Comme certains consultants ne veulent pas poser de question, ou désirent une lecture générale, on ne peut pas commencer une consultation en utilisant un tirage spécifique, comme le tirage en croix par exemple, il faut quelque chose de plus générique. Il serait possible d'utiliser un tirage tel que le tirage astrologique, parfois appelé tirage horoscope, par exemple, mais sa complexité dépasse le cadre de ce livre.

Dans de tels cas, j'utilise le tirage instantané car il permet de déterminer rapidement ce qui se passe dans la vie du consultant et quels domaines nécessitent une certaine attention. Après cette étape, nous pouvons alors utiliser d'autres tirages spécialisées comme le tirage en croix ou le tirage conseil pour creuser les zones problématiques et ainsi donner une interprétation plus approfondie et plus appropriée.

Le tirage instantané est composée de 11 cartes, positionnées sous la forme d'une pyramide, et est simple à utiliser. Il est composé de 3 lignes: celle du haut représente les attitudes du consultant, la deuxième les aspects matériels de sa vie et la troisième traite des relations avec les autres et des aspects émotionnels.

- La position 1 est l'état d'esprit. Elle montrera l'énergie principale du consultant au moment de la consultation, quelle est son attitude face à ses problèmes et à sa vie en général. Une position très importante, car la carte tirée ici aura une influence sur toutes les autres.

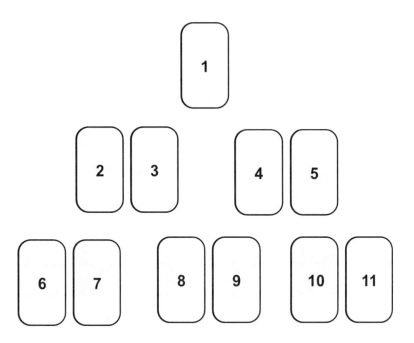

- Les positions 2 et 3 montreront ce qui se passe avec leur travail. Ceci peut également inclure les passe-temps et autres activités auxquelles le consultant participe.
- Les positions 4 et 5 traiteront de l'argent et de ses biens.
- Les positions 6 et 7 concernent les relations et les intérêts amoureux en général.
- Les positions 8 et 9 décriront son état psychologique, sa vie spirituelle.
- Les positions 10 et 11 traiteront de la vie sociale du consultant, de ses relations avec ses amis, sa famille et en général.

Ce qui est important dans l'interprétation des paires, c'est de faire une synthèse avec les énergies décrites par les 2 cartes, et aussi de prendre en compte la carte en position 1.

Le cas de Mélanie

Mélanie a la quarantaine, célibataire. Regardons les énergies qui l'entourent au moment de la consultation.

Voyons d'abord son état d'esprit. Avec Retard, Mélanie peut s'attendre à des revers ou à ce que certaines de ses actions n'avancent pas comme elle s'y attend. Il se peut également que Mélanie soit sa propre ennemie, qu'elle soit pessimiste ou réticente à prendre des risques pour atteindre ses objectifs. Elle a une attitude d'attente, elle n'est pas prête à foncer.

Pour le travail, positions 2 et 3, ses projets évoluent dans le bon sens. La Destinée fait allusion à quelque chose d'important qui pourrait se produire, et avec Entreprises, on pourrait penser à un nouvel emploi ou à quelque chose de nouveau comme par exemple une promotion dans son emploi actuel. Quoi qu'il en soit, sa situation de travail est fantastique, elle est prête pour de nouvelles aventures qui deviendront importantes pour elle.

Côté argent, positions 4 et 5, sa situation actuelle n'est pas aussi favorable. Infortune montre un manque de ressources financières, elle s'est mise dans une situation désastreuse. Au minimum, Campagne-Santé fait penser au calme, que certaines mesures devraient être prises, par exemple pour rétablir son crédit ou rembourser certaines dettes ou cartes de crédit.

À ce stade, il est intéressant de considérer un instant la ligne complète, car généralement le travail et la situation financière sont liés, comme souvent l'argent que nous recevons vient de notre travail. Et ici, Infortune, couplé avec Entreprises, pourrait certainement faire allusion au fait que Entreprises lui montrerait la nécessité de trouver un nouvel emploi ou une nouvelle situation qui lui permettrait d'améliorer sa situation financière, quelque chose qui devient très important pour elle.

Les positions 6 et 7 concernent ses intérêts amoureux, et n'oublions pas que Mélanie n'est pas actuellement dans une relation. Avec Feu, Mélanie ne doit pas s'attendre à quelque chose de très stable dans le domaine relationnel, mais plutôt à une atmosphère qui mène davantage aux rencontres multiples ou aux aventures. Quelque chose qui s'allume rapidement mais qui ne dure pas et qui peut vite devenir conflictuel. Intelligence équilibre très bien les énergies de Feu car elle montre que Mélanie est capable de prendre du recul et d'analyser ce qui se passe. Elle verra rapidement les choses telles qu'elles sont.

Cela pourrait être dû aussi à ce que nous voyons dans le

reste de la ligne. Pour sa vie sociale, qui semble fort importante pour elle, on voit des relations difficiles avec Ennemis, et du venin s'échange parfois avec d'autres. Dans ces conditions, établir des relations solides devient ardu, elle doit utiliser son intuition pour bien dégager ce qui se passe autour d'elle.

Cela pourrait également expliquer pourquoi nous avons Méchanceté et Les Pénates pour ce qu'elle ressent psychologiquement. Comme elle ressent toute cette opposition et un sentiment de toxicité autour d'elle, c'est quelqu'un qui se retire facilement des contacts sociaux et qui se renferme facilement chez elle.

Cette troisième ligne pourrait aussi expliquer en partie pourquoi nous avons Retard au sommet de la pyramide, elle a certainement développé une attitude de méfiance à l'égard des autres, ce qui fait qu'elle prend son temps pour décider comment agir.

On comprend désormais mieux ce qui se passe avec Mélanie. On pourrait poursuivre par un tirage sur l'évolution de sa recherche d'emploi, et un autre sur sa vie sociale. Ces deux aspects semblent être la plus haute priorité pour elle. Comme nous l'avons vu précédemment, l'aspect social a certainement un impact sur sa vie amoureuse et doit donc être traité en premier. Une fois cette première étape terminée, d'autres tirages pourraient être réalisés. En fonction de l'évolution de la recherche d'emploi, on pourrait aussi s'intéresser à l'évolution de ses finances. Même chose avec les relations, car elles dépendent certainement de ses interactions sociales.

Une Question, Une Carte

Une alternative aux tirages avec positions prédéterminées est d'utiliser la technique consistant à poser successivement des questions simples et à tirer une carte pour répondre à chacune d'elles, en continuant jusqu'à ce que toutes les informations nécessaires aient été données.

Cette technique peut être utilisée par exemple lorsqu'un tirage classique ne semble pas adapté à la question que vous posez, ou en complément d'un tirage standard lorsque plus d'informations sont nécessaires. Tant que les questions restent simples, comme expliqué dans les lignes directrices au début de ce chapitre, c'est une excellente manière d'aborder un problème particulier. Ce système vous permet de gagner beaucoup en flexibilité, en adaptant vos questions à ce qui a déjà été répondu précédemment.

Prenons un exemple pratique. Catherine est responsable du service commercial dans une entreprise et doit embaucher un nouveau membre pour son équipe. Daniel semble être le candidat idéal, et Catherine vient nous demander une consultation pour savoir comment Daniel s'intégrerait dans son organisation.

Dans un cas comme celui-ci, avant même de regarder comment Daniel évoluerait dans l'entreprise, on pourrait commencer par poser quelques questions simples pour se faire une idée du genre de personne à laquelle nous avons affaire. Une fois que nous aurons dressé son portrait, nous pourrons décider ce que nous devons demander ensuite.

Nous pourrions commencer, par exemple, par demander quel genre de personne Daniel est dans la vie en général. La question semble pertinente, car nous souhaitons savoir comment il s'intégrerait dans l'équipe. La carte tirée est Élévation (6). D'emblée, on pourrait dire que Daniel est

 quelqu'un qui prend facilement du recul face aux situations auxquelles il est confrontée et qui est capable de voir comment tout s'enchaîne dans une situation particulière, une bonne qualité qui lui permettrait de se concentrer sur l'ensemble des problèmes auxquels il serait confronté au lieu d'être trop soucieux des détails. C'est probablement aussi quelqu'un qui pourrait un jour franchir une nouvelle étape et se diriger vers plus de responsabilités ou de gestion.

Voyons maintenant comment il se comporterait plus particulièrement avec les clients. Nous obtenons Changement (18). N'oublions pas, dans l'interprétation de cette carte, qu'il faut quand même prendre en compte la carte précédente, car elle décrivait comment Daniel se comporte dans la vie en général. Ainsi, les principaux traits de caractère que nous avons vus, responsabilité, prise de recul, etc... resteront, mais modulés par Changement dans ses relations avec les clients.

Nous avons donc une carte sous l'influence de Mercure, le décrivant comme un bon communicateur, quelqu'un qui aurait de bonnes relations avec ses clients. Changement montrerait également qu'il lui est facile de s'adapter à de nombreuses situations différentes et qu'il est flexible dans son approche des problèmes. Juste un petit souci, Changement pourrait également indiquer quelqu'un qui serait facilement influencé par les réactions de ses clients.

Voyons également comment Daniel s'intégrerait dans l'équipe, comment il serait avec ses collègues. La carte tirée est La Paix (26). Étant quelqu'un qui a tendance à enterrer facilement la hache de guerre, nous pouvons voir Daniel comme quelqu'un qui essaie d'éviter les conflits et qui

 cherche toujours un compromis, comment face à une situation conflictuelle il essaie de l'atténuer. C'est quelqu'un qui désire d'abord un compromis, en évitant les disputes. Toutes ces qualités, combinées à ce qui a été expliqué dans Élévation, réaffirment ses qualités de responsable, et qui est toujours à la recherche d'un consensus.

Au vu de tout cela, Daniel semble être un candidat très prometteur. A ce stade, un tirage en croix, par exemple, pour voir comment il évoluerait au sein de l'entreprise serait conseillée.

Section 4

Appendices

Mots-clés

1 La Destinée	connaissance, découverte, décision à prendre, accès, chance, réussite.
2 Etoile de l'Homme	Le consultant, masculinité, virilité, force, action, énergie
3 Etoile de la Femme	La consultante, féminité, patience, compréhension, empathie, disponibilité.
4 La Nativité	début, naissance, quelque chose qui commence, nouveau projet, émergence.
5 Réussite	succès, récompense, issue favorable, victoire, profit, rétribution.
6 Elévation	ascension, gain d'altitude, vision globale, progression, ambition.
7 Honneurs	reconnaissance, acceptation, distinction, gratitude, fierté, notoriété
8 Pensée - Amitié	altruisme, fidélité, protection, bienveillance, sincérité, harmonie.
9 Campagne - Santé	vacances, loisirs, détente, nature, tranquillité, ressourcement, sérénité.
10 Présents	gratification, générosité, rétribution, gain, faveurs, don.
11 Trahison	tromperie, trahison, manque de loyauté, infidélité, manque de confiance.
12 Départ	abandon, nouveaux projets, émancipation, liberté, renouveau.
13 Inconstance	indécision, hésitation, imprévisible, polyvalent, mouvement, fluctuation, superficiel.
14 Découverte	exploration, apprendre quelque chose de nouveau, connaissance, compréhension.
15 L'Eau	sautes d'humeur, émotions, voyage, intuition, angoisses.
16 Les Pénates	maison, sécurité, bâtiment, abri, lieu sûr, famille.
17 Maladie	dysfonctionnement, inconvénient, trouble, déséquilibre, mécontentement.
18 Changement	modification, transformation, évolution, mutation.
19 Argent	abondance, enrichissement, opulence, richesse, réussite financière.

20 Intelligence	compréhension, connaissance, découverte, adaptabilité.
21 Vol - Perte	perte, souci matériel, abus de confiance, négligence, perte de temps ou de ressources.
22 Entreprises	entreprendre, planifier, compétences, conception, outils.
23 Trafic	voyages, échanges, négociation, rencontres, ventes et achats.
24 Nouvelle	message, courriel, surprise, visite, changements, événements inattendus.
25 Plaisirs	joie, contentement, félicité, amusement, plaisir artistique.
26 La Paix	réconciliation, accord, apaisement, tranquillité.
27 Union	engagement, amour, mariage, promesse, disponibilité
28 Famille	famille, amitié proche, association de confiance, groupe, intérêts partagés.
29 Amor	amour, bonheur, sentiments, plaisir, relation.
30 La Table	convivialité, plaisir, divertissement, partage, fête.
31 Passions	ardeur, amour irrationnel, attirance, désir.
32 Méchanceté	cruauté, vice, méchanceté, trahison, égoïsme.
33 Procès	conflit, opposition, antagonisme, dispute, débat.
34 Despotisme	autorité, incapacité d'agir, soumission, résignation, passivité.
35 Ennemis	hostilité, malveillance, difficultés importantes, adversité, compétition.
36 Pourparlers	discussions, débat, échange, diplomatie, potins
37 Feu	dynamisme, détermination, force, volonté, combat.
38 Accident	événements imprévus, changement, modification inattendue, effondrement, destruction.
39 Appui	aide, assistance, soutien, bases solides, bienveillance.
40 Beauté	esthétique, épanouissement, harmonie, luxe, sensibilité, arts.

41 Héritage	transmission, savoir acquis, expérience, relatif au passé, succession, héritage.
42 Sagesse	intelligence, maturité, sérénité, maîtrise, expérience de vie.
43 La Renommée	popularité, notoriété, célébrité, réputation, reconnaissance.
44 Le Hazard	imprévus, opportunités, mouvement, chance, dynamisme.
45 Bonheur	joie, réussite, plaisir, convivialité, richesse.
46 Infortune	difficultés, handicap, malchance, événements malheureux, situation problématique.
47 Stérilité	vide, improductif, infertile, incapacité, impasse.
48 Fatalité	échéance, épreuve du temps, destinée, destin, transformation.
49 La Grâce	bénédiction, générosité, protection spirituelle, faveur, absolution.
50 Ruine	ancien, démodé, dépassé, effondrement, destruction, débâcle.
51 Retard	lenteur, attente, revers, ralentissement, imprévu.
52 Cloître	isolement, solitude, renoncement, monastère, grille, clôture.

Marcel Belline

Il n'y a pas beaucoup d'informations disponibles sur Belline. L'essentiel de ce que je raconte dans cette annexe provient d'une interview qu'il a accordée à l'émission radioscopie de Jacques Chancel le 29 septembre 1972, et de ce qu'il explique dans ses trois livres, «un voyant à la recherche du temps futur»., «anthologie de l'au-delà» et «la troisième oreille».

Belline, qui fut l'une des plus grands voyants du XXème siècle, était surnommée «le prince des voyants».

Né Marcel Forget en 1924, fils d'une famille bourgeoise, il fut dans sa jeunesse passionné par l'histoire et les antiquités, et se prédestinait à devenir marchand d'art et d'antiquités. Il avait une grande sensibilité pour tous les arts, et les antiquités le fascinaient.

Etant également un fervent admirateur de livres anciens, il achetait des traités anciens portant entre autres sur l'ésotérisme et le spiritualisme. C'est ainsi qu'il retrouve dans un vieux grenier un livre écrit par Jean des Vignes Rouges, «un essai sur la chiromancie moderne». Intrigué, Belline s'y plonge et développe une curiosité insatiable pour toutes sortes d'arts divinatoires.

C'est ainsi qu'il a appris la numérologie, l'astrologie et même un peu de taromancie. Mais sa véritable spécialité devint la chiromancie, il avait un don pour lire les lignes de la main.

Durant la seconde guerre mondiale, Belline est malade et est admis dans un sanatorium. C'est là qu'il a commencé à avoir des visions. Un jour, il commence à avoir de violents maux de ventre qui n'ont rien à voir avec ses propres symptômes. Son intuition lui fait comprendre que ces souffrances concernent un autre patient, qui se trouvait physiquement dans une autre pièce et avec qui il n'avait aucun contact. Appelant le personnel médical, il les convainc d'aller voir son voisin, qui souffre en réalité d'une occlusion intestinale. L'état du patient confirme la prédiction exacte de Belline.

Suite à cet épisode, de nombreux patients le consultent et c'est ainsi qu'il commence à découvrir ses dons et à les développer. Mais ce n'est qu'au milieu des années 50 qu'il accepte définitivement ses dons et ouvre un cabinet de voyance, 45 rue Fontaine, à Paris. C'est apparemment à ce moment-là qu'il a commencé à se faire appeler Belline. Il exercera dans ce lieu jusqu'au milieu des années 80.

Quelques journaux ont commencé à rapporter ses prédictions, qui se sont révélées exactes par la suite, le rendant célèbre. Entre autres, il a prédit qu'Eisenhower souffrirait d'une crise cardiaque, ce qui s'est réellement produit trois mois plus tard, une prédiction qui a réellement marqué le début de sa période de gloire. Il a également prédit le vaccin contre la polio, la mort d'Einstein, le suicide de Marilyn Monroe, mai 68, et bien d'autres événements.

Il a toujours été honnête avec ses consultants, ne leur mentant jamais. Si rien ne lui venait, il disait simplement au demandeur qu'aucune information ne lui parvenait. C'est ainsi qu'un jour une femme plus âgée est venue le consulter et il s'est excusé car il n'avait rien à lui dire. Surprise par tant d'honnêteté, et connaissant sa passion pour l'art et les antiquités, elle l'invita chez elle en lui disant qu'elle avait dans son grenier des vieux papiers qui pourraient l'intéresser.

Belline ne venant pas assez vite, quelques jours plus tard,

la même femme l'appela pour lui expliquer que s'il ne venait pas rapidement, elle brûlerait ces vieux papiers le lendemain. A ce moment-là, Belline se dépêcha et c'est ainsi qu'il découvrit de vieux parchemins, et deux beaux jeux de cartes. Ceux-ci dataient du siècle précédent, œuvres de Jules Charles Ernest Billaudot, surnommé Mage Edmond. Ces jeux de cartes sont ceux connus aujourd'hui sous le nom d'Oracle Belline et de Grand Tarot Belline, il décide de trouver une maison d'édition pour les publier au plus vite.

Le Mage Edmond, un siècle plus tôt, exerçait dans la même rue que Belline, au 30 rue Fontaine. Peu d'informations sont disponibles sur sa vie. Il est né le 17 août 1829 dans la petite ville de Poilly sur Serein, dans le département de l'Yonne, et décédé le 20 mai 1881, à La Chapelle-Vielle_Forêt. Il était apparemment célèbre pour les  prédictions qu'il avait faites à Alexandre Dumas, Auguste Renoir et à l'empereur Napoléon III.

Belline a été très affligée par une tragédie personnelle. Il perd son fils dans un accident de voiture en août 1969. Dans son livre «la troisième oreille», il raconte comment il s'est réveillé la nuit avec la prémonition de la mort de son fils. Il n'a pas été surpris d'être informé des circonstances lorsque la police s'est présentée à sa porte à 6 heures du matin. Son fils n'a jamais repris conscience et est décédé trois jours plus tard. Il raconte dans son livre tous les dialogues qu'il a entretenu avec son fils à travers la médiumnité.

Belline a poursuivi sa pratique de voyant jusqu'au milieu des années 80, lorsqu'il a complètement disparu de la scène publique. Il y a même une certaine divergence sur la date de sa mort, certaines sources mentionnant 1994, tandis que son éditeur donne la date de 2002.

Remerciements

Avant tout, je remercie ma femme Catherine et sa sœur Michelle. Sans elles, je n'aurais jamais découvert le monde des cartes et de la divination.

Un grand remerciement à Alison Cross, qui a corrigé la version anglaise de ce manuscrit et m'a donné tant de bons conseils.

Ce livre n'existerait pas sans Maria Alviz Hernando et le merveilleux groupe sur l'oracle Belline qu'elle anime à la World Divination Association. Sans eux, je n'aurais jamais eu l'idée d'écrire un guide sur cet oracle.

Une mention spéciale à Lisa Young-Sutton, qui a toujours été disponible lorsque j'avais besoin de conseils sur l'auto-édition.

Enfin, un grand merci à tous les étudiants en divination que j'ai eus au fil des ans. L'enseignement est une activité merveilleuse, où l'on apprend autant que l'on enseigne. Cela m'a donné la discipline nécessaire pour structurer mes idées et les exprimer de manière formelle, deux qualités indispensables pour l'écriture d'un livre.

Made in the USA
Columbia, SC
11 March 2024

33000990R00141